AF360779

HISTOIRE

DES

SOCIÉTÉS SECRÈTES

DE L'ARMÉE.

ADRIEN ÉGRON, IMPRIMEUR

DE S. A. R. MONSEIGNEUR LE DUC D'ANGOULÈME,

rue des Noyers, n. 37.

Il n'a été fait aucun changement dans cette seconde Édition.

HISTOIRE

DES

SOCIÉTÉS SECRÈTES

DE L'ARMÉE

ET

DES CONSPIRATIONS MILITAIRES

QUI ONT EU POUR OBJET LA DESTRUCTION DU
GOUVERNEMENT DE BONAPARTE.

SECONDE ÉDITION.

———❧———

PARIS,

GIDE FILS, RUE SAINT-MARC, N.º 20;

H. NICOLLE, A LA LIBRAIRIE STÉRÉOTYPE,

RUE DE SEINE, N.º 12.

———

M. DCCC. XV.

TABLE

DES CHAPITRES.

FIN DE LA TABLE.

HISTOIRE

HISTOIRE

SOCIÉTÉS SECRÈTES

DE L'ARMÉE.

INTRODUCTION.

Si le sujet que j'entreprends de traiter s'était offert à la plume de Salluste ou de Machiavel, le livre qui en serait sorti pourrait être recommandé avec confiance à tous les pays et à tous les âges, comme un des plus précieux monumens de l'histoire. Les événemens qu'ils ont racontés, et que leur génie a revêtus d'un charme si puissant, étaient bien loin de présenter le degré d'intérêt qui distingue ceux dont je vais faire le récit; et tel est le caractère de ces derniers, qu'il me rassure, jusqu'à un certain point, sur ma propre insuffisance. Leur importance doit fixer l'attention du Lecteur et la soutenir long-temps, sans qu'il soit besoin de leur prêter un genre de mérite auquel je suis peut-être incapable d'atteindre. Qu'il me suffise d'établir le plan de cet ouvrage dans quelques lignes préliminaires.

A l'instant où Bonaparte s'élevait, il se formait en France un parti rival qui avait juré sa chute, et qui devait l'opérer un jour. Cette conspiration a duré quatorze ans, a embrassé tous les rangs, tous les états de la société, s'est étendue sur l'Europe entière , et a fini par consommer la perte de la tyrannie , sans être soupçonnée , ou du moins sans être connue. Souvent déjouée dans ses plans les plus hardis , dans ses tentatives les mieux combinées , elle n'a jamais été compromise en elle-même ni pénétrée dans ses secrets essentiels. Elle a vu tomber tour-à-tour ses chefs les plus distingués, ses agens les plus audacieux ; mais elle leur a survécu ; et toujours puissante au milieu de ses ruines qui se réparaient sans cesse, elle n'a terminé la guerre à mort qu'elle livrait au despotisme , qu'après avoir concouru à sa perte. Aujourd'hui même , le mystère qui l'entourait n'est dissipé qu'à demi. Les grands coups qu'elle a portés au colosse qui écrasait l'Europe , ont décélé son existence à quelques esprits judicieux ; mais elle est devinée plutôt que découverte, et elle ne présente encore aux observateurs et aux historiens indécis qu'un problème dif-

ficile qu'il est permis à elle seule de résoudre.

Ceux qui ne jugent les événemens que
par leurs effets, sans pouvoir remonter aux
causes qui les ont produits et aux ressorts
qu'on y a fait agir, sont exposés à porter
d'étranges jugemens dans les temps de révolution. Ainsi, je ne crois pas qu'il y ait
un seul homme de sens qui ait pu se rendre raison de la conspiration de Moreau
et de celle de Mallet, sur les renseignemens qu'il est permis de tirer de leurs pro-
cédures, et des révélations tronquées dont
se composent les prétendues histoires qu'on
nous en a donné jusqu'ici. Le voyage de
Pichegru et de ses compagnons de courage, de dévouement et d'infortune, sur la
foi d'un officier sans crédit, perdu de dettes
et peu recommandable par la profondeur
de ses vues et la sûreté de ses conjectures,
serait le comble de la déraison, si le nom
de Moreau avait été la seule garantie de

cette entreprise , et si le rapport de Lajolais en avait été le seul nœud. L'hésitation
de Moreau ne serait pas moins inexplicable , dans le moment où cette hésitation
faisait perdre tout le fruit d'une des tentatives les plus hasardées dont il soit question dans l'histoire. La conjuration de Mallet a un caractère encore plus romanesque ,
et l'on en devine moins les moyens. On ne
peut concevoir comment un général, qui
n'a pas même une certaine réputation militaire , et qui ne se recommande guère à
l'estime des gens qui le connaissent, que
par une ténacité d'opinion qui n'a jamais
influé sur le sort de sa patrie , et par quelques malheurs sans éclat, parvient dans un
petit nombre d'heures à s'entourer d'officiers dévoués, et à menacer le despotisme
dans toute sa puissance d'une chute presque infaillible. C'est le secret de ces grands
problèmes politiques que je me propose
de donner, quoique je ne me dissimule

point, dès le commencement de ma tâche,
que mon récit doit souvent paraître in-
vraisemblable à ceux pour qui toutes les
notions sur lesquelles il repose sont entièrement nouvelles. Je conviens que peu
d'histoires écrites à plaisir, sous l'inspiration d'une imagination exaltée, le cèdent
en singularité à celle-ci, et cependant il
n'y a rien qui ressemble moins à un roman.
Six mille Français ont été dans la confidence de tous les faits principaux, et quant
aux faits qui par leur nature ne peuvent
avoir été communiqués qu'à un petit nombre de personnes, plus de vingt existent
encore qui les connaissent tout aussi bien
que moi. Si je ne me nomme point à la
tête de ces Mémoires, la suite en expli-
quera les raisons, et je ne m'en soumets
pas moins en écrivant à toute la responsabilité d'un homme d'honneur qui s'engage
à ne dire que la vérité, et à la dire tout
entière, autant qu'il le peut sans manquer

à ses sermens, ou sans choquer des interêts personnels respectables. J'ai cependant hésité long-temps à publier les faits dont je parle, et je dois examiner rapidement la considération qui m'arrêtait, quoique je ne pense pas qu'un homme de bonne foi puisse la convertir en reproche contre moi, de quelque opinion qu'il soit d'ailleurs.

L'histoire que je raconte est celle d'une Société secrète, dont le secret s'est si bien conservé, que son nom même est à peine connu hors de son propre sein, quoiqu'elle ait failli plusieurs fois influer sur le sort du monde. Je suis membre de cette Société secrète, et je suis lié à ses lois par les engamens les plus sacrés. De quel droit oserai-je donc la révéler à la France et à l'Histoire, et quelle puissance supérieure me dégagera des promesses que je lui ai faites, quand elle daigna m'admettre à ses projets et à ses mystères?

Je réponds que l'existence de cette Société n'a jamais été que temporaire ; que la Société avait un but de restauration qui est rempli, et qu'à dater du moment où elle manque de but, elle rentre dans la catégorie des institutions ordinaires de ce genre ; que les révélations qui font l'objet de mon ouvrage ne portent que sur l'influence historique de cette Société, sur l'action de ses principaux membres, sur les vues et le caractère de ses chefs ; qu'elles ne compromettent ni sa doctrine, ni ses pratiques, ni ses signes de reconnaissance, ni le lieu de ses rassemblemens, ni le nom des hommes distingués par leur esprit ou par leur bravoure, qui font encore aujourd'hui l'ornement de l'institution ; que je ne me suis permis de nommer que les morts, et toujours d'une manière glorieuse pour leur mémoire. Enfin, j'ajoute, pour compléter ma justification, qu'il n'y a point de Société secrète qui n'ait souffert l'impression de ses annales, et même celle de ses statuts et de sa discipline intérieure. Mes sermens ne m'ont point attaché d'une manière si stricte que je ne puisse nommer un corps respectable qui tient des assemblées connues dans dif-férens lieux du monde, sans y dissimuler son existence ; et si ce nom paraît pour la première fois dans un livre, je ne crois pas qu'on puisse me faire un crime d'avoir rompu le premier le silence qui le tenait caché, quand il est de fait que ce silence n'est point obligatoire dans les statuts et réglemens de l'ordre.

Cette justification reçue, j'ai peu à cœur de me défendre contre les autres reproches qui pourront s'élever contre moi. Étranger à l'art d'écrire j'ai passé quinze ans de ma vie au milieu de la poudre des armes, et depuis que mes blessures m'ont forcé à quit-ter l'armée, je ne m'occupe que des soins de l'agriculture, doux repos de mes fatigues passées. Ce n'est guère dans le tumulte des camps et dans les travaux de la vie rurale, qu'on peut se préparer des succès littéraires, et je ne m'en suis point promis. Toutes mes espérances se bornent à rendre encore un service important à l'Etat auquel je suis dévoué, et à la Société particulière dont j'ai eu l'honneur d'être membre ; le Roi ne peut que gagner à connaître les serviteurs zélés et fidèles qui provoquaient son retour par leurs vœux et par leurs efforts. Quant à l'institution elle-même dont les destinées sont actuellement accomplies d'une manière irrévocable, elle était digne d'être consacrée par un monument plus durable et par des plumes plus éloquentes ; mais elle ne pouvait pas recevoir un hommage plus pur que le mien.

CHAPITRE PREMIER.

Origine des *Philadelphes*. — Le général Mallet. —
Le colonel Oudet. — Portrait de ce premier chef
de la conspiration des *Philadelphes*.

L'OPINION n'est pas bien assise sur la première origine de la Société des *Philadelphes*. Comme celle de toutes les Sociétés
secrètes, elle est entourée de ténèbres, et
peut-être de mensonges. S'il faut en croire
cependant la plus simple des traditions, qui
est par conséquent la plus probable, elle
fut créée dans une de nos provinces de l'Est,
par quelques amis près de se séparer, et qui
voulurent laisser entre eux ce lien mysté-

rieux. Elle n'aurait pas alors plus de dix-huit ans de date; et comme ses fondateurs sortaient à peine de la classe des enfans, il ne serait pas difficile de remonter jusqu'à eux. Ce qu'il y a de certain, c'est que c'est dans le lieu où on l'a fait naître qu'elle a obtenu ses premiers développemens bien connus, et qu'elle a reçu l'impulsion qui en a fait depuis un des mobiles les plus puissans des grandes conjurations militaires. J'ai entendu parler de ses anciennes constitutions, comme d'un modèle touchant de la législation pieuse qui pourrait s'établir dans une ville d'amis. Il paraît que l'amitié était effectivement son premier, son unique objet, et qu'il était réservé à la vertueuse ambition d'un homme de génie d'en faire un instrument de restauration, dont l'effet, plus ou moins tardif, était du moins inévitable.

A l'époque de l'avénement de Bonaparte au consulat, le général Mallet résidait, comme adjudant général, dans la ville de Besançon, que les *Philadelphes* nomment entre eux *Philadelphie*, soit parce qu'ils la regardent comme le berceau de l'institution, soit parce qu'elle en a été long-temps le chef-lieu. Mallet ne pouvait avoir aucun rapport avec les *Philadelphes*, qui étaient, comme je l'ai déjà dit, de très-jeunes gens, calmes de mœurs, neutres d'opinion, et fort étrangers à toutes les grandes querelles qui divisaient alors la France, quoique fort propres, par leur sensibilité expansive et la vivacité de leur imagination, à s'en mêler activement. Mallet, que l'histoire con-naîtra peu, parce qu'il n'a joué sur le théâtre du monde qu'un rôle d'un moment, n'avait qu'une qualité qui l'élevât remar-quablement au-dessus de la médiocrité; mais il la portait à un tel point, qu'il y a peu de grands hommes qui ne la lui eussent enviée : c'était une inflexibilité de princi-pes, une rigidité de volonté qui ne se laissait plier à aucun événement, et qui réagissait contre tous les événemens contraires, sans aucune acception d'intérêt personnel. Mallet, né bon gentilhomme, mais jacobin par principes, car il était incapable de l'être par spéculation, s'était obstiné dans ses opinions, en raison du danger qu'il y avait à les professer. Il ne les discutait jamais avec personne, mais il les établissait arbitrairement, toutes les fois que l'occasion s'en présentait, quelque périlleuse qu'elle fût; il les exprimait avec une indépendance si tranchante, et, j'ose le dire, si tyrannique, qu'il laissait deviner, sous des formes toutes républicaines, un des caractères les plus despotiques et les plus absolus que la nature ait formés. C'était un homme sévère jusqu'à la rudesse, d'ailleurs plein de désintéressement et d'honneur, quoique Bonaparte ait voulu en faire croire, quand il le rappela du commandement de Rome. Il ne tempérait l'austérité de ses ma-

nières âpres et démocratiques, qu'auprès des
femmes. Il avait conservé, à quarante-cinq
ans, la prétention de les occuper, et il y
parvenait sans beaucoup de frais, car il
ne leur avait pas même sacrifié la coif-
fure antique et la toilette surannée de la
vieille cour. Elles le recherchaient comme
les hommes l'estimaient, c'est-à-dire, sans
l'aimer.

Mallet n'était peut-être pas ambitieux,
mais il avait besoin de subjuguer, de do-
miner l'opinion, d'être considéré, et même
d'être craint. La Société des *Philadelphes*,
encore timide, et pour ainsi dire ingénue,
mais composée d'une soixantaine d'adolescens obscurs, lui aurait à peine paru digne
d'être soumise à cette espèce d'ambition
morale dont son esprit était possédé, même
quand elle lui aurait été connue alors; mais
Mallet n'avait pas l'œil pénétrant qui peut
deviner dans un groupe d'enfans ignorés,
sur un des points les plus reculés d'un

empire immense, les élémens sûrs qui en amèneront un jour la chute et la réorganisation. Il fallait pour cela la perspicacité du génie, jointe à tout le charme dont la séduction habile peut s'armer; il fallait le prestige de la jeunesse, de l'esprit, de la beauté, de la gloire; et le hasard avait suscité tant de moyens, avait réuni tant de facultés diverses, et quelquefois opposées, dans le premier adjoint de Mallet, je veux parler de Jacques-Joseph Oudet, surnommé *Philopoemen*.

Prononcer le nom d'Oudet devant l'armée française, c'est lui rappeler un de ses officiers les plus intrépides et les plus brillans. Cependant son souvenir est perdu pour l'histoire, et je n'espère pas moi-même que ces pages fugitives doivent un jour le lui retracer. Ce jeune héros est un de ces rares essais de la Providence, qu'elle montre quelquefois aux hommes, pour leur prouver la dignité de leur essence et de leur origine, et qu'elle retire ensuite vers elle, sans en avoir tiré parti, parce qu'ils ne sont pas indispensables à l'accomplissement de ses desseins. Si le colonel Oudet avait survécu d'un an à la bataille de Wagram, la face du monde était changée. Mort à Wagram, son court passage sur la terre n'a laissé de traces que dans le cœur de quelques amis.

Jacques-Joseph Oudet était né sur les montagnes du Jura, d'une famille d'agriculteurs très-aisés. Il avait reçu l'éducation d'un homme bien né, et ses merveilleuses dispositions avaient fait le reste. La nature en le formant, le destinait à tout ce qu'il y a de bon et de beau. Il aurait été à son choix poète, orateur, tacticien, magistrat : l'armée entière l'a proclamé brave ; personne ne l'a égalé en éloquence ; il faudrait l'âme d'un ange pour se faire une idée de sa bonté, si on ne l'avait pas connu. Jamais on n'a rassemblé des qualités si contrastées et cependant si naturelles ; il avait la naïveté d'un enfant et l'aisance d'un homme du monde ; de l'abandon comme une jeune fille sensible, de la fermeté comme un vieux Romain ; de la candeur et de l'héroïsme. C'était le plus actif et le plus insouciant des hommes ; paresseux avec délices, infatigable dans ses entreprises, immuable dans ses résolutions ; doux et sévère, folâtre et sérieux, tendre et terrible, Alcibiade et Marius.

Le siècle commençait avec le despotisme qui a pesé sur nous quatorze ans. Oudet en avait vingt-cinq, une taille élégante et bien prise, une tournure noble et martiale, une figure charmante et cependant énergique, dont le jeu de la physionomie la plus mobile augmentait encore l'expression. A cet âge, il jouissait déjà de la renommée des preux. Officier franc dans la Vendée, il y commença sa carrière avec gloire ; depuis, lieutenant-colonel, ou, comme on le disait alors, chef de bataillon dans une brigade fameuse, il comptait ses exploits par les combats où il s'était trouvé ; deux fois son bras droit avait été percé d'une balle ; un biscaïen lui avait fracassé la cuisse ; une balafre, qui ajoutait à la grâce de son sourire, lui effleurait verticalement les deux lèvres : les soldats racontaient ses actions, les officiers conservaient ses paroles. Renversé à San-Bartolomeo par un plomb brûlant, les grenadiers croisent leurs fusils pour lui en faire une litière et le transporter à l'hôpital. « Camarades, » s'écrie-t-il, « que faites-vous ? L'ennemi est là ! » — Si nous n'enlevons votre corps, lui dit un vieux sergent, il restera à l'ennemi. — « Repoussez l'ennemi, » répliqua Oudet mourant, « et mon corps ne lui restera pas. » — Il échappe à cette blessure comme par miracle, et c'est lui qui dit, trois mois après, à Bonaparte effrayé : « Montre-moi ton « visage, afin que je m'assure encore si c'est

« bien Bonaparte qui est revenu d'Egypte
« pour asservir son pays. » — Vingt traditions du même genre l'entouraient déjà et
lui donnaient une solennité historique,
comme à un brave des temps anciens. C'est
cependant le seul héros peut-être qui ait
gagné encore aux yeux de son valet-de-
chambre. L'habitude d'une grande pensée,
le sentiment d'une grande destination, le
besoin d'une considération digne de lui,
l'avaient tellement identifié avec son personnage idéal, qu'il le jouait naturellement
partout. Sa vie privée était romanesque sans
efforts, théâtrale sans affectation. Il ne se
serait jamais rien permis avec lui-même qui
l'eût fait déroger à la dignité d'un homme
exposé à tous les yeux ; mais cette dignité
ne lui coûtait rien et ne blessait en rien les
autres : elle était naïve et, pour mieux dire,
involontaire. C'était l'allure de son caractère
et de son esprit. Elle ne lui interdisait pas
d'ailleurs la familiarité la plus communica-

tive, les épanchemens les plus affectueux ;
mais quand il arrivait à ce point, l'âme la
plus sèche lui en savait gré, parce qu'il avait
l'air de se faire homme par complaisance.
Cette peinture, faite de souvenir, à six ans
et à quatre cents lieues de son tombeau, sera
sans doute taxée d'exagération par le grand
nombre des lecteurs qui n'ont pas vu Oudet:
mais ce ne sera ni dans la Franche-Comté,
ni dans la Bretagne, ni dans le Béarn, ni
dans les régimens où il a servi, ni dans ceux
qu'il a commandés.

Je ne prétends pas avancer, d'ailleurs,
qu'Oudet ait été sans défauts. Il est le seul,
le véritable héros de mes récits, et s'il avait
vécu, il aurait obscurci une grande partie
des héros que nous offrirons à la postérité.
Mais cet amour exalté de la vertu et de la
gloire qui remplissait son âme, ne la remplissait pas exclusivement. Je dois le dire
cependant, ses défauts n'étaient pas tels qu'il
n'eût pu triompher de chacun et de tous ; il

y en avait de certains qu'il tolérait en quelque sorte, parce qu'ils pouvaient servir à
l'accomplissement de ses vues, ou du moins
les déguiser au vulgaire des observateurs,
qui ne pénètre pas au-dessous de la super-
ficie des caractères. Il y en avait d'autres
auxquels il ne cédait que pour occuper son
activité, quand elle n'avait pas d'autre aliment. Il y en avait enfin qu'il se faisait à
dessein, et qui rentraient dans la classe des
tics ou des manies. Je donnerai des exemples
de chacun, pour achever le portrait d'Oudet,
de manière à mettre mon amitié pour sa
mémoire à l'abri de ce reproche de fol enthousiasme auquel on n'a pas le droit de
s'exposer quand on écrit autre chose qu'un
panégyrique.

Oudet aimait les femmes avec fureur, les
aimait toutes, les trompait toutes, et n'en
abandonnait aucune de pensée, de souvenir, d'affection. Son cœur était devenu un
abîme de tendresse où se fondaient les sen-

timens les plus contradictoires. Il n'y avait
pas un moment de sa vie où l'on ne pût lui
tirer des larmes pour la première femme
qu'il avait trahie; pas un où il ne méditât,
peut-être malgré lui, d'en séduire une autre.
Il était né Werther, et le monde l'avait fait
Lovelace. C'est ainsi que Schiller a peint
Fiesque.

Je ne dirai pas qu'il était joueur, quoique
je l'aie vu souvent perdre son or, ses che-
vaux, ses bijoux, et toujours prêt à hasarder
tout ce qu'il possédait sur un coup de dés.
L'argent lui était si indifférent, que la chance
de perdre ou de doubler un trésor ne lui
aurait pas procuré une sensation forte. Quand
il en avait beaucoup, il ne songeait qu'à le
donner, qu'à le semer autour de lui, quelquefois sans beaucoup de choix. Quand il
en avait très-peu, il se contentait de tout.
Il était sobre par goût, quoique fastueux par
habitude. Je suis persuadé qu'il ne voyait

dans le jeu qu'un moyen d'occuper son attention et son temps.

J'insiste sur tous ces traits, parce qu'ils composent l'ensemble du portrait d'un homme presque inconnu, mais qui va devenir, dans la suite de cette relation, l'agent du système le plus hasardeux et le plus profondément conçu. Je suppose que mon lecteur m'a déjà fait quelques concessions nécessaires ; qu'il s'est associé déjà, jusqu'à un certain point, au sentiment qui dirige ma plume ; qu'il assiste en esprit aux scènes que je vais retracer ; et c'est pour ce lecteur sensible, mais curieux de tous les détails, que je finis cette ébauche imparfaite par deux ou trois crayons caractéristiques, mais qui sont plus dignes d'une composition de chevalet, que de l'esquisse d'une grande histoire. Oudet, si distingué du reste des hommes par ses facultés, s'en était distingué à dessein par des origina-

lités forcées qui étaient devenues des habitudes, et qui avaient fini par s'identifier à
son naturel. Extrêmement recherché dans
sa mise, ponctuellement exact dans son
uniforme, il avait toutefois une manière
de mettre son chapeau qui était unique dans
l'armée, et qui n'a jamais été saisie, même
par la foule des jeunes enthousiastes qui
voulaient lui ressembler en quelque chose.
Ce qu'il y a de remarquable, c'est qu'il attachait beaucoup de prix à cette singularité,
et que je ne la lui ai pas reprochée une fois,
que je n'aie vu sa main tordre machinale-
ment sa moustache, et son front se rem-
brunir. Il était sujet à des distractions profondes qui le faisaient tomber quelquefois
dans les méprises les plus ridicules ; mais
il prenait un plaisir très-sensible à en entendre parler, et ses amis savaient qu'on
ne pouvait rien raconter qui lui fût plus
agréable. Ils n'ont point oublié non plus
ses mouvemens de tête subits, son rire fou

et sans motifs, et surtout sa chaleur pour le paradoxe. Et qui pourrait oublier Oudet, enseveli dans cette sorte de sommeil magnétique où ses distractions le plongeaient, réveillé tout-à-coup par le mot final d'une phrase, saisissant avec une rapidité qui étonnait la pensée, le sens le plus bizarre que ce mot pût fournir à l'imagination d'un fiévreux, et en faisant le texte de quelque improvisation éloquente qui entraînait l'auditeur avant qu'il eût le loisir de réfléchir sur les inconcevables folies auxquelles il abandonnait son esprit. Ce jeu d'imagination, que l'orateur terminait ordinairement par un éclat de rire, n'est pas une de ces manies que l'on imite facilement, et qui peuvent devenir contagieuses parmi les adulateurs d'un grand homme. Je déclare, quant à moi, que j'ai entendu tous les hommes éloquens que la tribune a illustrés de mon temps, mais que je ne pense point qu'un homme qui n'a pas entendu Oudet en verve, se fasse une idée juste des charmes et du pouvoir de l'éloquence.

Oudet n'avait pas été l'ami de Bonaparte : deux caractères pareils ne pouvaient se rapprocher en aucune manière ; mais il l'avait vu souvent à l'espèce de cour du dictateur Barras, où le hasard l'avait porté, et où le goût des sensations tumultueuses, et l'amour des femmes l'avaient retenu. Il avait pu apprécier l'homme qui se chargeait des destinées de la France, et dont l'hypocrisie politique trompait encore l'un et l'autre parti, quelque maladroite qu'elle fût. Il savait, à n'en point douter, que Bonaparte avait le pouvoir absolu en vue, et qu'il ne s'en démettrait ni pour les souverains légitimes, ni pour le peuple. Il croyait donc qu'il était du plus grand intérêt pour les hommes loyaux et incorruptibles des deux causes, de briser de bonne heure le joug d'un étranger insolent, qui s'arrogeait impudemment le droit de les gouverner ; et il avait déjà pressenti les moyens d'un arrangement amiable qui terminerait la révolution , sans de nouvelles effusions du sang français. Il regardait comme le mobile le plus certain de son entreprise , l'organisation d'une Société secrète , sûre , dévouée , armée , si cela était possible , et prête à se lever à l'appel d'un chef absolu ; mais il fallait pour cela trouver une Société toute formée , et la soumettre par l'ascendant du génie. Oudet fut à peine appelé au nombre des *Phila-delphes* , qu'il éprouva la joie d'une âme puissante qui vient de découvrir ce qu'elle cherche depuis long-temps pour accomplir le plus grand de ses desseins : celle qu'aurait ressentie Archimède , s'il avait trouvé un point d'appui pour ébranler le monde.

En effet, je ne crois pas qu'une autre Société secrète, quand il en eût existé alors, et telle qu'on la suppose , eût pu être plus propre aux vues d'Oudet que celle qui lui ouvrait son sein. Formée sous les auspices des vertus et de la sensibilité, elle lui présentait cette garantie de probité et de discrétion sans laquelle toutes les conspirations échouent tôt ou tard, au milieu des chances les plus indubitables de succès. Oudet, fort jeune encore, avait toutefois sur la plupart de ses membres l'autorité de l'âge, comme celle de l'illusion et du génie. Cependant la jeunesse même de presque tous les initiés lui répondait à la fois de leur flexibilité et de leur ardeur ; l'idée de cette institution, qui leur appartenait, indiquait en eux une tendresse de sentiment qui fait toujours place, dans les adolescens qui en sont doués, à des passions énergiques et à des facultés puissantes. Enfin, le soupçon ne pouvait guère s'arrêter parmi eux, et le mystère qui avait enveloppé jusque-là leurs rassemblemens quand ils n'avaient d'autre objet qu'une communauté innocente et naïve

d'affections, était de bon augure pour la sol-
licitude qu'ils mettraient à cacher des con-
ciliabules plus importans et des affaires plus
sérieuses. La seule chose qui pouvait empêcher le succès de l'entreprise qu'une telle
société se prescrivait de mener à fin, c'était
le cas où ses forces seraient partagées et
mises en opposition par deux génies égaux
en tout et même en ambition, mais animés
par des passions contraires et dirigés vers
des buts différens. Or, une conscience assurée de lui-même, qui ne manquait peut-
être pas à Oudet, lui aurait suffi pour écarter
jusqu'à la moindre crainte de cet inconvénient impossible. Deux hommes organisés
comme lui pour le bien et capables d'influer de la même manière sur la destinée du
monde, n'ont jamais existé ensemble, à aucune époque de l'histoire.

Il n'était pas impossible, mais il était inutile de mettre tous les *Philadelphes* dans
la confidence d'un projet dont l'exécution

pouvait exiger une longue suite de travaux
et de soins préliminaires. Il suffisait que tous
fussent engagés par l'institution même dans
toutes ses tentatives, sans acception d'opinion ni d'intérêt individuel, et il ne fallait
pour obtenir ce résultat qu'un petit nombre
d'amendemens qui s'introduisirent successivement dans les statuts. Quelques hommes
d'une maturité plus avancée, ou d'une exaltation plus prononcée, ou d'une docilité
plus flexible, furent seuls admis à recevoir
quelques éclaircissemens vagues sur le but
qu'on s'était proposé, et réagirent sur le
reste, quelquefois sans se rendre compte de
l'impulsion qui leur était donnée. Oudet
avait eu l'art de faire éclore une foule de
pensées fortes, de faire concevoir une foule
d'aperçus hardis, sans paraître s'associer au
mouvement des esprits qu'il dirigeait invisi-
blement. Le conflit même des opinions
opposées plaisait à son espérance, parce
qu'il semblait déposer contre la possibilité

d'un mobile unique, et qu'on voyait d'ailleurs se former dans ce tumulte de sentimens contradictoires des élémens certains
de régénération. Rien ne prouve qu'Oudet
lui-même eût alors des vues arrêtées et un
système fixe. Il voulait le bonheur de la
patrie, mais il y réfléchissait encore, et il
achevait de s'éclairer aux premières lueurs
de l'incendie qu'il avait allumé.

CHAPITRE II.

Révolution et nouvelle constitution des *Philadelphes.* — Distinction des grades. — Institution despotique d'un chef absolu sous le nom de *Censeur.*

Les assemblées des *Philadelphes* étaient devenues orageuses comme leurs passions. Unanimes dans la haine de Bonaparte et dans l'amour de la vertu, ils l'étaient moins sur les moyens d'affranchir la patrie et d'assurer son bonheur. Quelques-uns souhaitaient intérieurement le retour des Bourbons, mais le plus grand nombre avaient été détournés de cette expectative généreuse

par la mauvaise conduite de certains nobles.
Ceux-ci, contens dans tout état de choses
qui leur offrait une espèce de garantie, et
livrés par une crédulité imbécille à la fortune du tyran qu'ils affublaient dans leurs
rêves du rôle et de la réputation de Monck,
n'avaient pas plutôt trouvé cette chance de
servitude et de repos, qu'ils tendirent leurs
mains aux premières chaînes qu'on daigna
leur donner. Ils perdirent sans retour la
mémoire des malheurs qu'ils avaient subis,
et surtout des bienfaits qu'ils avaient reçus ;
et comme leur impéritie et leur vanité
avaient aggravé les malheurs de la révolution, elles contribuèrent aussi dans cette
époque critique où la révolution devait
cesser, à l'apathie des fractions saines du
peuple et à l'affermissement de la tyrannie.
On sent bien que je prends cette thèse
dans une acception très-générale, et cette
classe a donné trop d'exemples de dévouement et de générosité, pour qu'il soit per-

mis de la juger défavorablement sur quelques exceptions.

L'opinion de la Société ne fut donc pas difficile à fixer quand on lui offrit un moyen terme entre le retour du système de la noblesse, et des grandes calamités révolutionnaires. La Franche-Comté n'appartenait à la France que par un droit de conquête encore récent ; les souvenirs de son ancienne liberté vivaient toujours dans le cœur de ses vieillards, où ils étaient entretenus depuis trois générations par une tradition touchante ; le voisinage de la Suisse, et la circonscription naturelle de la province l'appelaient en quelque sorte à reconquérir son indépendance, et il pouvait en résulter un grand exemple pour le reste de l'Etat. Cette première donnée, jetée au hasard dans quelques conversations, devint bientôt une résolution arrêtée, et rien n'aurait été plus facile que son exécution précaire, si Oudet n'avait pas senti ses plans s'agrandir avec ses moyens. L'ébranlement de quelques villes obscures, qui se seraient donné, pendant quelques jours, une constitution illusoire, et qui auraient fini par retomber sous le pouvoir d'un despote déjà puissant, ne pouvait pas convenir à son âme altérée d'une longue gloire. Il se servit de ce projet comme d'un moyen de tenir les esprits en haleine, et peut-être comme d'un prétexte à celui qu'il mûrissait. Il avait besoin de sentir dans tous les adeptes une disposition prochaine à opérer quelque chose de grand ; et il se souciait peu du genre d'aliment dont ils entretenaient l'activité de leurs pensées, pourvu qu'il remplît ce but et qu'il ne les laissât jamais retomber dans une tranquillité stérile. La République Séquanaise fut donc préparée, je le répète, dans un conseil de jeunes enthousiastes qui allaient se créer une armée, et elle devint la figure secrète des grands desseins de leur chef, qui ne pensait point dans son cœur à

distraire quelques départemens des domaines
de l'usurpateur, mais à le renverser lui-même,
et à renouveler sur ses débris la face de la
nation toute entière. Ce premier âge des
Philadelphes ne présente à la vérité qu'une
série de rêves d'enfans, animés d'une ambition extrêmement mobile, mais encore
incertaine dans ses projets, et dont toute
la puissance ne pouvait aboutir qu'à exciter
une convulsion momentanée. L'art d'Oudet
fut de conserver ces germes sans altération,
et sans toutefois qu'un développement prématuré lui en fît perdre le fruit. Il fallait
pour cela soutenir la faiblesse, modérer
l'emportement, flatter toutes les passions,
nourrir toutes les vertus, et ne pas laisser
passer un jour sans séductions et sans pres-
tiges. Entreprise étonnante qu'on n'oserait
citer que comme un des jeux les plus audacieux de l'esprit si elle était restée sans
résultats.

Il s'en fallait de beaucoup que tous les

Philadelphes entrassent dans ces communications. Oudet avait trop de jugement et de connaissance du cœur humain pour ne pas les proportionner à ses forces, suivant les individus qui l'entouraient. Pour les uns, ce n'étaient que des suggestions légères, des hypothèses essayées; pour les autres, on en faisait un objet d'espérance; pour ceux-ci, c'était une perspective lointaine; pour ceux-là, c'était une entreprise en action, une conspiration commencée. Ainsi, concouraient au succès de ses vues futures, et ceux qui croyaient deviner ses vues actuelles et ceux qui croyaient les servir; toutes les facultés étaient en jeu sans être trop tendues, parce qu'elles étaient employées avec une économie exquise qui les exerçait sans les user; chacun avait sa tâche et la remplissait avec orgueil, parce qu'il ne pouvait pas croire qu'il y en eût de plus nobles et de plus complètes.

Oudet s'était initié aux secrets de presque toutes les Sociétés de l'Europe, sans autre motif que d'enrichir la sienne de ses découvertes. Il avait été souvent étonné de l'inutilité de ses recherches, et de la pauvreté de toutes les sciences maçonniques qui effraient si dérisoirement je ne sais quel gouvernement, qui aurait aussitôt fait de se les attacher par un privilége, que de les supprimer par un édit. Il ne leur avait emprunté que la distinction des grades, et quelques signes de reconnaissance.

Cette hiérarchie, qu'Oudet appelait l'*Echelle Philadelphique*, et qui n'était bien connue que de lui, pouvait embrasser tous les rangs de la société, et envelopper dans son système tout ce qui restait d'hommes forts, dans l'état de dégradation morale où la France était près de tomber. Je dirai un mot des classes inférieures à la Société des *Philadelphes* proprement dite, qui était le centre commun de l'institution entière ; mais je dois parler d'abord des classes supérieures qui ont seules influé sur les résultats dont j'ai promis l'explication.

Oudet avait créé dans l'ordre une dignité souveraine, monarchique, et absolue par le fait, à laquelle un *Philadelphe* ne pouvait arriver qu'à travers deux grades successifs, dont le plus élevé ne comportait qu'un nombre donné d'initiations ; le grade intermédiaire n'était qu'une épreuve très-bien entendue, qu'on ne pouvait pas surmonter sans une grande force d'esprit : c'étaient, pour ainsi dire, les limbes de la conspiration, et le point auquel on arrêtait toutes les âmes généreuses, mais plus ou moins timorées, qui n'avaient pas une portée assez forte pour en atteindre le but. C'était une pierre d'attente sur le chemin du dévouement ; mais elle avait cet avantage, qu'on y restait sans honte et sans rien soupçonner au-delà, si on manquait de la vigueur nécessaire pour la franchir; le second degré comprenait le complément de tous les secrets, au secret près du chef suprême, qui n'était jamais su que de lui. J'avoue que c'est là une institution très-despotique, et qui l'était d'autant plus, que cet autocrate à pouvoirs illimités avait le droit, ou la faculté de les perpétuer à jamais parmi ses affidés les plus familiers, ou de les transmettre de main en main dans des besoins imminens, mais vaguement prévus, qui étaient faciles à supposer. Rien ne ressemble mieux à la puissance du vieillard de la Montagne, si celle-ci même n'est pas plus absolue et plus sûre encore; mais je doute qu'une conspiration puisse être mieux conçue, et que le moteur d'un parti ait jamais fait agir des ressorts plus compliqués et moins visibles. Leur disposition était telle, en effet, qu'il pouvait les briser tous de son plein gré, et tourner la Société à un autre usage , sans que la Société fût détruite.

Les personnes qui ont quelque habitude des différentes Sociétés secrètes de l'Europe , qui ont étudié leur origine , et qui ont cherché à se rendre compte du but qu'on s'était prescrit dans leur formation , pensent assez généralement que la plus célèbre et la plus passive de toutes , je veux dire la Maçonnerie , n'était dans son institution qu'une imitation réduite de l'état social , pris depuis ses commencemens , et suivi dans tous les perfectionnemens qu'il avait éprouvés. Le premier grade est fondé sur la découverte et l'usage du feu , qui doit avoir été le premier objet de ralliement des Sociétés d'hommes , suivant les opinions les plus universellement reçues. C'est celle de Vitruve, de Cicéron, du président des Brosses , qui n'a pas pensé à cet argument pour appuyer son hypothèse. Le

second grade est tiré de l'agriculture, second état de l'homme, quand il eut appris
à extraire et à fabriquer le fer par le
moyen du feu, et, par conséquent, à re-
tourner la terre avec la bêche et avec le
soc. Le troisième grade est emprunté à
l'architecture. C'est une figure de la cons-
truction des maisons et des villes, qui est
le complément de l'état social dans son âge
le plus simple. C'était aussi le complément
de l'ancienne Maçonnerie, avant qu'elle ne
se fût enrichie ou appauvrie de grades supplémentaires, qui toutefois ont été presque
toujours créés dans le même esprit. Presque
tous les états de la Société, jusqu'à celui du
grand-prêtre et du roi, sont plus ou moins
représentés par différens degrés de la hiérarchie maçonnique ; mais cette intention
secrète des législateurs de l'ordre a disparu
sous tant de formes ridicules et de superstitions absurdes, qu'elle ne se révèle plus

qu'à l'œil scrutateur du philosophe. Elle est perdue pour le reste , et la Maçonnerie , sans but ou trompée sur son but primitif , ce qui est la même chose , demeure la plus vaine et la moins dangereuse des Sociétés secrètes. Elle s'ignore parfaitement elle-même.

Il paraît qu'Oudet , qui n'avait pas tardé à reconnaître ses anciens élémens , avait cru pouvoir se les approprier dans l'abandon où ils étaient laissés , et les faire servir à un usage plus utile qu'aucun de ceux que la Maçonnerie s'était jamais proposés aux époques les plus florissantes de son histoire. Il entreprit de réaliser le type moral, et de créer , dans la société politique , une Société modelée sur elle , quant à la division des Etats et à la forme générale des institutions , mais composée d'une élite si pure d'hommes de tous les rangs et de tous les emplois , que les déviations de la société

politique ne pussent jamais l'entraîner au-
delà de ses propres lois, et qu'elle restât
au milieu des révolutions du monde, comme un monument inaltérable de la civilisation perfectionnée. C'était là, du moins,
le prétexte nécessaire et spécieux de son
entreprise, et c'était aussi le mystérieux
moyen qu'il devait faire servir à son succès. En choisissant, de part et d'autre,
tous les hommes forts qui supportaient impatiemment le poids de la tyrannie nais-
sante, et en les ordonnant suivant leurs
états respectifs, en autant de classes diverses, Oudet s'assurait du contact des
opinions analogues, de l'harmonie des volontés, de l'ensemble entier d'un système
social extrêmement puissant, dont l'organisation se trouverait toute faite et toute
propre à ses desseins, dans le cas même
d'un écroulement plus vaste que celui qu'il
préparait. *Philadelphie* était dès lors, dans
son état spéculatif, et se trouva depuis

dans l'exécution des plans de son premier chef, une nation dans la nation , mais une nation , forte de jeunesse, de lumières, de courage , et surtout de dévouement et d'obéissance. Elle eut sa noblesse, son clergé, sa magistrature , son armée , son peuple. Les derniers rangs , les degrés les plus vils n'y furent pas dédaignés , en tant qu'ils pouvaient être utiles à la conservation d'une Société bien entendue, et les liens de cette république cachée furent si inviolables, que l'observateur le plus habile aurait peine encore à les démêler. Oudet s'élevait au milieu d'elle comme cet Hercule gaulois, emblème ingénieux de l'éloquence et de la force , et qui tient tous les hommes attachés à d'invincibles nœuds par la séduction de la parole.

Je marche d'admiration en admiration , en racontant ces combinaisons improvisées et mises en action par un homme de vingt-cinq ans , ivre de jeunesse, fou de plaisir, incorséquent dans ses manières, frivole dans ses goûts, créature légère, inconstante, mobile, qui paraissait ne devoir exciter d'autres soupçons que ceux d'un père sage ou d'un mari défiant, et qui tenait d'une main le fil des intrigues les plus vaines, et de l'autre celui des conjurations les plus sérieuses. Malheureusement, je dois le redire souvent, j'ai contre moi la prévention du lecteur étranger à tous les faits, et qui hésite à admettre un héros inconnu. Il faut qu'il me suive dans le labyrinthe de cette histoire mystérieuse, et qu'il en ait parcouru tous les détours, avant de souscrire à mon enthousiasme, parce que l'approbation des hommes n'est presque jamais qu'en raison des résultats qu'on leur présente, et qu'ils n'accordent qu'une estime froide et muette aux talens qui n'ont pas éclaté. Jetons un dernier coup d'œil, au moins, sur l'extrémité de ce rayon de l'Empire où se préparent, dans un silence si profond, des événemens si étranges, et nous irons rejoindre, dans les camps, l'homme étonnant qui les a calculés.

CHAPITRE III.

Premier âge des *Philadelphes.* — Censure d'Oudet.
— Premier but. — Fédéralisme. — République
séquanoise.

La république séquanoise était probablement le dernier espoir ou le pis-aller d'Oudet; il devait donc laisser dans sa capitale
un noyau puissant, sur lequel il pût rétro-
grader en cas de besoin, s'il échouait dans
ses autres prétentions; il avait, d'ailleurs,
intérêt à s'assurer d'une certaine quantité
d'hommes éclairés sur la discipline de l'ordre
pour l'instruction des candidats nombreux

4

qu'il allait former ; enfin , il comptait, dans le berceau des *Philadelphes*, quelques créatures dévouées, dont il pouvait employer utilement l'esprit, le zèle et la main. Il en fit, jusqu'à nouvel ordre, le quartier-général de la Société , et il y présida lui-même à des assemblées des trois grades.

Comme je n'ai ces divers renseignemens que d'après des papiers incomplets et des récits, qui ne peuvent manquer de vérité, mais qui manquent d'ordre et de précision, on n'attend pas que j'essaie de caractériser les personnages accessoires dont le chef des *Philadelphes* avait jusqu'alors appuyé son audacieux système. Deux seulement me sont connus, et presque tous ont vécu obscurs jusqu'ici , par impuissance, ou par choix. Certains même ont transgressé les principes de l'institution, pour se lier à la cause de la tyrannie, du moment où elle leur a offert un peu de sécurité, mais sans acheter ses faveurs par des délations criminelles. Le nom des *Philadelphes* serait encore inconnu du pouvoir si je ne le portais jusqu'à lui, pour le recommander à l'estime et à la reconnaissance des âmes nobles. Cette Société est peut-être, de toutes les Sociétés qui ont eu réellement un secret, la seule dont le secret n'ait jamais été promulgué qu'après qu'il était devenu inutile; et quand les secrets d'une Société pareille deviennent inutiles, on sait qu'ils deviennent dangereux.

Le troisième grade reposait en essence sur l'abnégation individuelle d'état. L'homme qui y était admis cessait d'être autre chose, au moins quant à ceux de ses devoirs particuliers qui auraient contrarié les devoirs de l'institution. Il sortait de la Société générale pour devenir l'instrument aveugle de la Société spéciale à laquelle il s'était dévoué, et cet engagement étendait son obligation bien au-delà de l'obligation de la vie. On ne crut pas pouvoir isoler le *Phi-ladelphe* de ce grade par trop de moyens di- vers ; et le seul de ces moyens que je puisse écrire fut l'abnégation de nom. Il fallait un nouveau baptême pour un dévouement de sang.

Tous les noms furent choisis, soit à cette époque, soit à celles que je suis obligé de confondre avec elle, autant parce que je manque de documens exacts, que parce que je verrais peu de nécessité à revenir sur ces matières ; tous les noms, dis-je, furent déterminés d'après des données préalables et saillantes de caractère, ou d'après la des- tination forcée à laquelle le récipiendaire se soumettait en adhérant aux règles ter- ribles qui devenaient son unique loi. Ainsi, un adepte habile et ferme, qui pou- vait se saisir quelque temps d'une émeute populaire, et la donner à l'institution, après l'avoir réduite à ses vues, fut nommé *Marius*. Un jeune homme turbulent, d'un esprit vif, d'une âme fougueuse, facile à se lier, à se répandre, à se communiquer à tout le monde, adroit à se faire aimer, reçut le nom d'*Alcibiade*. *Spartacus*, dont je parlerai quelquefois, était le Séide d'Oudet. Ses mœurs *franches*, rustiques et toutes républicaines, le rendaient propre à effectuer le soulèvement des esclaves contre les maîtres. L'influence de ces noms était si puissante, qu'elle s'étendait visiblement sur la vie privée. *Caton*, *Thémistocle* et *Cassius* sont morts par le suicide comme leurs patrons.

Oudet n'était pas de ces hommes qui fussent obligés de se déguiser pour marcher au but. S'il ne s'était pas nommé le chef de la ligue séquanoise, on l'aurait forcé à prendre ce titre, qu'il était seul capable de porter. Les *Philadelphes* le saluèrent du nom de *Philopœmen*, nom sous lequel je le désignerai souvent désormais, parce qu'il prêtera une autorité de

plus à mon récit, puisque la fortune injuste a voulu que le nom de *Philopoemen*
restât plus illustre que celui d'Oudet. Cette
cérémonie achevée, il prépara tout pour
rejoindre le régiment qui venait de lui être
accordé, et pour compléter sa grande entreprise. Il ne partit point cependant sans
en combiner les moindres moyens dans
l'assemblée du grade suprême. Des voya-
geurs furent mandés dans les provinces voisines pour y porter les premières initiations de l'ordre; les grades inférieurs furent établis et communiqués. On créa des
Sociétés de *Miquelets* dans les villes des
Pyrénées, de *Barbets* dans celles des *Al-*
pes, de *Bandoliers* dans le Jura, la Suisse
et la Savoie, et des *Frères bleus* dans les
régimens; la commotion fut rapide et immense; et ce qu'il y a d'étonnant, c'est
qu'elle ne coûta, tout au plus, que quelques frais de voyage. Six mois n'étaient
pas écoulés qu'un abîme était creusé sous

le trône de Bonaparte, au moment où il paraissait s'asseoir sur les bases les plus iné-branlables.

A dater de ce jour, *Philadelphie* fut presque toujours où était *Philopoemen*. L'institution continua à subsister dans sa première patrie, mais elle n'y fleurit point, et peut-être même elle s'y oublia à la longue. L'âge des grandes passions, des grands malheurs, des ennuis plus pénibles encore, qui flétrissent toutes les illusions de la vie, était arrivé pour quelques-uns de ses membres. D'autres s'endormirent dans les douceurs de la paix domestique ; d'autres furent aisement distraits du roman de leur jeunesse par l'éclat des places et des honneurs. Les premiers régimens qui furent envoyés à Besançon, comme au centre de l'ordre, pour y recueillir les lumières dont cette ville avait été le foyer, y ranimèrent bien quelques étincelles de l'ancien enthousiasme ; mais leur lueur fut, dit-on, si passagère, qu'elle se laissa tout au plus remarquer dès lors dans quelques ráres circonstances que la suite des événemens doit amener sous ma plume. *Philopoemen* y avait cependant laissé quelques zélateurs fidèles, et dont le nom revenait souvent à sa mémoire; *Thémistocle*, *Publicola*, *Werther*, dont la bouillante activité et l'intelligence romanesque enrichissaient tous les jours la Société de nouveaux adeptes, ou de candidats précieux; *Spartacus* enfin, qui, moins attaché à l'institution qu'à *Philopoemen* lui-même, se retrouvait à tout moment sur ses pas, sans autre ambition que des services à rendre, ou des périls à courir pour la gloire de son maître.

———

CHAPITRE IV.

Introduction de la Société dans l'armée. — Procès d'Arena. — Soupçons de Bonaparte. — Suicide de Morgan. — Institution de la Légion d'Honneur empruntée aux *Philadelphes*.

———

Nous sommes arrivés au moment où l'institution s'introduisit simultanément dans trois régimens de ligne, deux régimens d'infanterie légère, un régiment de Dragons, et de là dans toute l'armée. Quoique présent à quelques-unes de ces initiations, je n'ai ni l'intention, ni le droit d'en rapporter les détails; mais la

simple énonciation d'une tentative si hardie et si heureuse, suffit pour en faire présumer tous les résultats possibles , d'après
ce que j'ai dit de la hiérarchie de l'ordre
et de la souveraineté très-réelle de son chef.
Qui croirait qu'il s'agit de la conspiration
la plus audacieuse, tramée sous les yeux les
plus vigilans, dont les ramifications se sont
étendues le plus loin, et ont subsisté le plus
long-temps; et que son secret, si répandu,
qu'il était quelquefois devenu celui d'un
corps tout entier, n'est jamais parvenu, au
moins d'une manière bien lucide, au tyran
qui avait tant d'intérêt à le surprendre ?
Qui croirait que la révélation de cette entreprise inouïe sera une chose nouvelle pour
beaucoup de monde, même dans les corps
respectables et généreux où elle s'est formée, où elle a mûri, où elle a obtenu
tous les développemens dont elle était susceptible? Rien ne s'opposait, du moins, à
ce qu'elle fût faite aujourd'hui; je dévoile

un mystère respecté depuis douze ans :
mais je dois répéter que ce mystère ne
subsiste plus. Quel est le corps de l'armée
qui dissimule son affiliation à une Société
secrète de l'ordre maçonnique , et qui ne
souffre pas que son nom soit porté sur les
états de cet ordre et sur ses calendriers ?
Pourquoi la Société des *Philadelphes* , qui
a tant à se glorifier de sa destination et de
ses services politiques , ne ferait-elle pas le
même aveu ? Pourquoi serait-on obligé de
cacher à l'histoire, que l'armée française ,
si grande , si renommée , si justement illus-
trée par ses vertus militaires , le fut aussi
par de hautes vertus politiques ; qu'elle dé-
testa de tout temps la tyrannie ; qu'elle
seule en réprima les accroissemens, quand
la flatterie des ordres civils les plus libéraux
par leur essence , ne cessait d'y applaudir,
et que toutes les conspirations qui l'ont
lentement ébranlée avaient été conçues au
milieu de nos camps ? Eh quoi! les pam-

phlets insolens de quelques frondeurs, les calomnies déhontées de quelques feuilles étrangères iraient-elles attester à la postérité que l'armée fut jamais un instrument passif de la gloire de Bonaparte, quand il ne faut qu'un mot pour les confondre ! Et ce mot, me reprocherait-on de l'avoir dit ? L'armée entière n'a servi que la patrie et la gloire nationale. Si beaucoup de nos soldats se sont attachés à la cause du général qui les conduisait, par cette communauté de périls, de succès, et surtout de revers, qui lie en dépit d'elles-mêmes, les âmes reconnaissantes et les âmes généreuses, ils n'ont pas fait abnégation, dans ce mouvement d'affection personnelle, des nobles sentimens qui caractérisent un cœur français : l'amour de la liberté et des droits légitimes n'ont cessé de vivre dans leur pensée, et c'est parmi eux que se sont élevés les plus courageux défenseurs des causes justes et malheureuses ! Je n'ai pas besoin de les nommer maintenant, puisque leurs noms vont se succéder dans l'ordre de leur dévouement ; mais je ne sortirai pas de cette question sans rappeler que c'est encore à l'armée que le bienfait de la restauration est dû, puisqu'elle l'a appelée par ses vœux, secondée par ses efforts, par le concours des supérieurs, par le bon esprit des soldats, et qu'elle l'aurait opérée d'elle-même quelques jours plus tard. Il n'y a pas un officier français qui en doute.

Ajouterai-je quelque chose encore? La brillante campagne des alliés, qui n'a rien ôté à notre gloire intérieure, n'a fait qu'augmenter celle de quelques-uns de nos généraux. Elle a été dirigée, jusqu'à un certain point, par deux capitaines illustres qui ont honoré la France par leurs exploits, avant de contribuer à sa délivrance. Leurs noms planeront encore sur le grand événement auquel ils ont présidé ; et si rien ne s'oppose à ce que l'avenir connaisse tous les ressorts du présent , l'avenir saura qu'ils étaient aussi *Philadelphes*.

Je marche à tâtons dans l'histoire de *Philadelphie* , aux trois premières années du siècle. *Philopoemen* créait, mais les ténèbres du chaos obscurcissent quelquefois son ouvrage , qui ne m'a d'ailleurs été connu que par des récits particuliers. La conspiration malheureuse de l'adjudant-général Arena , qu'il avait connu à Alexandrie , pourrait s'y lier par quelques circonstances. L'ouvrage saisi entre les mains d'Arena et de ses coaccusés , et désigné dans leur procédure sous le titre *du Turc et du Militaire français* , était certainement de la plume de *Philopoemen* , et ne pouvait sortir que d'elle , si l'on en juge par cette chaleur de style et par cette audace d'images qu'aucun homme ne possédait au même degré. Quoique la responsabilité de son immense entreprise exigeât la discrétion la plus stricte , il avait été obligé d'admettre quelqu'un à cette confidence, et j'ai sur ce point remarquable l'affirmation de *Sparta-cus*. Cependant, j'ai peine à croire qu'il ait influé autrement sur une conjuration hasardée, dont les élémens et le but étaient d'ailleurs peu dignes de lui, quoiqu'elle ait offert quelques circonstances mémorables dans les débats. Ce qu'il y a de positif, c'est qu'Arena, dont je n'ai jamais entendu dire que du bien, à l'exagération près de son républicanisme outré mais pur, recherchait avec affectation les manières de *Philopoemen*, depuis leur rencontre en Piémont, et que c'était à l'aide de cette réflexion imparfaite qu'il avait ébloui quelques esprits de la fausse espérance d'un succès impossible. On ne pourrait pas croire d'ailleurs que *Philopoemen*, occupé du projet qu'il a suivi jusqu'à la mort, eût perdu le long séjour qu'il fut obligé de faire à Paris pour les affaires du soixante-huitième régiment, sans en tour-

vus, et le second, que tout le monde connaissait de nom, devait ignorer tout-à-fait le premier, qui se dérobait en quelque sorte à tout le monde. Nous causions de choses indifférentes, *Spartacus* et moi; et *Philopœmen*, l'esprit fixé sur quelques grandes pensées, nous écoutait sans nous entendre, quand Mercier entre, marche vers sa place habituelle, abaisse vers nous, par hasard, ses yeux vaguement contemplatifs, et les fixe sur Oudet, qui le regardait sans le voir. Il s'arrête; et, possédé de ce démon physiognomonique qui lui a fait dire tant de choses extraordinaires, parmi lesquelles je reconnais beaucoup de ridicules folies, il s'appuie sur sa canne, d'un air inspiré qui nous frappa tous. « Jeune « homme, dit-il à Oudet, pardonnez au « vieux Mercier de vous troubler un mo- « ment dans vos méditations; j'en connais « bien toute l'importance, et Dieu me garde « d'en empêcher le résultat. Je lis sur votre

« front tous vos projets et toutes les forces
« que vous avez pour les accomplir. Sauvez
« la France, puisque vous l'avez résolu ;
« mais, au nom de Dieu, ne faites pas re-
« tomber sur elle, à votre tour, le joug
« dont vous voulez l'affranchir. » Cette
scène singulière ne se passait pas sans témoins. Outre *Spartacus* et moi, il y avait
autour de Mercier trois ou quatre personnes
qui peuvent vivre encore, et parmi lesquelles on me nomma le chevalier de Bon-
neville. Une rencontre de ce genre n'aurait
été négligée ni par *Sertorius*, ni par *Maho-
met*. Je ne l'ai citée cependant ni comme
une preuve de la destination d'Oudet, ni
comme un exemple de la perspicacité de
Mercier ; mais comme une de ces circonstances étranges que *Plutarque* n'aurait pas
oubliées, s'il avait eu à écrire l'histoire
d'Oudet, parvenu au dernier terme de sa
carrière, à travers tous les genres de gloire
qui lui étaient réservés.

J'ai dit que le secret de la conspiration n'était jamais parvenu à Bonaparte d'une manière bien lucide, et la raison en est extrêmement simple. *Philopœmen* était le centre unique d'une foule de cercles enclavés les uns dans les autres sans aucune connexion sensible. Tous ces cercles étaient composés d'agens essentiels d'une conspiration inconnue, dont le secret résidait dans un seul homme. Il n'y avait autour de lui qu'une pensée, mais elle était disséminée sur tant de points, qu'elle n'avait d'existence collective qu'à ses yeux, et qu'elle ne pouvait être mise en action que par sa volonté. Peu d'hommes ont été plus avant que moi dans les secrets les plus intimes de son cœur ; mais celui de *Philadelphie* était l'Arche sainte, et je ne m'en suis formé une notion claire qu'après six ans d'observations successives. Encore ces notions sont-elles bien loin d'avoir l'autorité de fait dont les tribunaux ont besoin pour prétexter les jugemens que la tyrannie leur impose, et pourtant elles ont été vérifiées depuis par l'expérience des résultats. Qu'aurait donc pu contre lui le délateur des derniers rangs, qui ne voyait dans la Société qu'une institution de caprice, à laquelle il était attaché par une dépendance étroite, mais sans but, sans nécessité sensible, sinon semer quelques méfiances inutiles et toujours frustrées, dont la honte serait retombée sur lui ? C'est ce qui arriva cependant, et c'est ce que *Philopœmen* avait prévu sans s'en effrayer. L'existence de la Société fut connue, mais sa destination ne fut point devinée. Dans le vague de ses soupçons, le consul, alarmé sans être convaincu, se borna à quelques mesures de police militaire. Deux généraux, et un certain nombre d'officiers supérieurs reçurent leur retraite. *Philopœmen* fut renvoyé à son corps, qui occupait alors la garnison de Saint-Martin, à l'île de Ré. Il 'y fut accueilli avec un enthousiasme qui aigrit les défiances, mais qui ne les éclaira point ; et ce premier revers augmenta l'importance de l'institution, sans la compromettre.

C'est ici la place d'une anecdote bien curieuse, qui ne sera pas nouvelle pour le grand nombre des *Philadelphes*, mais qui frappera les autres par un rapprochement dont ils ont souvent cherché l'explication. Je ne sais plus de quel corps était le capitaine Morgan, qui fut arrêté à l'époque où je suis arrivé, sur la simple déclaration d'un homme étranger à la Société, qui avait remarqué parmi ses bijoux quelques joyaux d'une forme singulière. Quoi qu'il en soit, Morgan, bien atteint et bien convaincu de posséder les signes et les secrets d'une Société que l'on cherchait à investir, fut soumis aux interrogatoires les plus sévères, aux épreuves les plus pénibles, aux rigueurs les plus obstinées ; et on lui notifia formellement qu'il n'obtiendrait jamais d'adoucissement à son sort, tant qu'il ne révélerait point les particularités dont le hasard, ou l'initiation, l'avait fait confident. Ce héros, qui pouvait tout dire sans rien livrer, car il n'avait encore reçu que les premières communications et ce qu'on appelait le baptême de l'Ordre, ne put supporter ni l'idée de cette trahison, ni la cruauté des traitemens dont on le menaçait. On le trouva mort dans son cachot, la poitrine découverte et le sein empreint de la même figure qu'on avait surprise dans ses effets lors de son arrestation. Cette figure fut, quelque temps après, celle de la croix de la Légion-d'Honneur, avec le seul changement de la tête et de la devise. Ainsi, le signe caché des *Philadelphes* devenait un signe public, et quelques-uns des adeptes de l'ordre le plus élevé en conçurent de l'effroi, parce qu'ils crurent deviner tout ce que cette combinaison avait d'insidieux. *Philopœmen* entra cependant au milieu du petit cercle que notre grade composait, le front levé, l'œil pur, le sourire sur les lèvres, et nous saluant avec cette affabilité charmante qui lui gagnait tous les cœurs. « Eh bien ! frères, dit-il, qui l'aurait cru ! Bonaparte est notre complice, *Philadelphie* est consacrée, et c'est la Légion-d'Honneur qui renversera la tyrannie. » Nous étions décorés tous, et nous le regardâmes avec tristesse, parce qu'il ne l'était point, et que cet oubli volontaire dans lequel on avait laissé le plus brave des braves, était humiliant pour ses camarades. Il nous comprit assez tôt pour nous épargner des excuses ; et, ouvrant brusquement sa veste, pour nous faire voir la croix du grade, qui était cachée dessous : « Elle est là, dit-il ; ensuite, portant sa main sur une forte cicatrice qu'il avait au-dessus de la clavicule, il ajouta : Elle est là ; et puis, en la rabaissant vers son cœur, elle est là.

Et il nous tendit ses bras, où nous nous précipitâmes ensemble. De six que nous étions ce jour-là, nous ne restons que trois, et un des trois autres a eu le bonheur de mourir avec lui.

Je viens de le faire parler deux fois, et je crois avoir rendu ses paroles telles que je les ai entendues ; mais qu'elles sont loin sans doute de l'être comme il les a dites ! J'avoue que je ne conçois pas la possibilité de faire sentir ce que sa physionomie, ses gestes et ses inflexions ajoutaient de charme et de séduction à ses paroles ; c'est de lui qu'on est obligé de dire, comme Eschine disait de Démosthène : Que serait-ce si vous l'aviez entendu ? Nous ne devions plus l'entendre long-temps, et quelques-uns de nous ne devaient jamais le revoir. Les soupçons qu'il avait excités, aggravés par de fausses déclarations, car il n'y en avait pas une qui reposât sur les

faits véritables, suffirent pour déterminer
sa première proscription. Il fut destitué
quelques jours après, avec ordre de se
retirer à Ménale, petit bourg du Jura,
voisin du lieu de sa naissance, et de ne
point en sortir. L'exil ne pouvait rien au
bonheur d'un homme tel que lui ; mais il
aimait trop la patrie pour laisser imparfaites les grandes résolutions qu'elle lui
avait inspirées, et pour abandonner *Philadelphie*, son ouvrage et son espérance.
Un ambitieux, qui n'aurait eu que sa gloire personnelle en vue, l'aurait peut-être
fait ; mais la gloire personnelle n'entrait
dans ses considérations que d'une manière
très-secondaire, quoiqu'il y attachât beaucoup de prix. Sa grande âme n'aimait rien
autant que son pays ; et quand il fut trop
certain qu'il lui était devenu inutile, au
lieu de s'abandonner à un lâche désespoir,
il se chercha un successeur qui pût recevoir

le dépôt de toutes ses idées, et qui fût capable de les mettre en œuvre. Le monde
ne nommait alors qu'un seul homme à qui
Philopoemen crût devoir cette concession :
c'était Moreau.

CHAPITRE V.

Second âge des *Philadelphes*. — Admission et censure de Moreau. — Conspiration de Pichegru ,
inexactement appelée *Conspiration de Moreau*. —
Hésitation de Moreau expliquée et justifiée par
l'histoire des faits.

Lorsque le chef temporaire de la Société
avait achevé son exercice, ou bien lorsque des considérations d'intérêt public ou
des affaires personnelles, dont le motif était
accueilli, le forçaient à s'en démettre, il
adressait à la réunion urbaine la plus nombreuse qu'eussent alors les *Philadelphes*,
une liste de vingt-cinq personnes qu'il avait

soin de choisir dans le grade supérieur, et parmi lesquelles l'assemblée nommait cinq candidats au scrutin. Le bulletin de cette nomination lui était renvoyé séance tenante, et il le faisait connaître par autant de copies aux cinq candidats désignés. Chacun de ceux-ci envoyait son vote, et le successeur de ce chef suprême, que nous reconnaissions sous le nom de *Censeur*, était choisi à la majorité absolue des voix : dans le cas de deux contre deux et d'une voix perdue, l'ancien chef décidait sans contestation.

Ce chef devant être choisi presque toujours parmi des militaires, on avait dû prévoir le cas où il serait ravi à la Société, sans avoir préalablement pourvu à son remplacement. Il adressait donc tous les mois, à la principale assemblée, une liste close de vingt-cinq candidats, qui ne devait être ouverte qu'en cas de mort, de disparition constatée, ou de réclusion à temps. Cependant les statuts, qui n'avaient rien omis de tout ce qui pouvait donner au chef de l'institution l'autorité la plus exclusive, lui permettaient d'élire lui-même son successeur, par privilége de nomination clinique ou *in articulo mortis*, dans le cas où il était frappé sur un champ de bataille, ou conduit à l'échafaud, pour le service de la patrie, ou pour le service de l'Ordre. Cette transmission de pouvoirs se faisait alors par une simple communication verbale, et par la cession des attributs que le chef devait toujours porter sur lui; ou bien dans le cas où il ne lui était pas possible de communiquer immédiatement avec la personne qu'il avait l'intention de désigner, elle était reconnue et mise en vigueur sur la foi de son codicile.

Philopoemen ne voyait donc aucune difficulté à l'élection de Moreau. Il était sûr de flatter son grand cœur en lui offrant les bras et la vie de quatre mille officiers dévoués, de toutes armes, et d'un nombre considérable de jeunes et énergiques citoyens, distingués par de grandes qualités morales, ou par des talens précieux. D'un autre côté, il ne faisait pas de doute que le nom de Moreau n'attirât toute l'attention de l'assemblée à laquelle le choix serait remis, et la plus nombreuse des réunions urbaines n'excédant pas trente personnes, il n'y avait rien de plus facile pour lui que d'amener dans le lieu de sa propre résidence un nombre majeur de *Philadelphes*, pris parmis ses plus affidés. Enfin, car il avait l'habitude de tout prévoir, dans le cas où la grande réputation de Moreau produirait un effet contraire à son attente sur des esprits prévenus contre tous les genres d'illustration et de gloire qui pourraient compromettre leur indépendance, il ne devait pas hésiter à faire usage du privilége de l'élection clinique, soit en disparaissant tout-à-coup du milieu de l'exil, soit en se dévouant à la mort des conspirateurs, par quelque complot arrangé qui ne hasarderait que sa vie. Il manquait cependant une condition essentielle à l'exécution de son plan, c'était que Moreau fût *Philadelphe*, et qu'il pût ou qu'il voulût le devenir. *Philopoemen* n'avait jamais servi sous les yeux de Moreau. Il n'en était pas connu de vue, il ne lui avait peut-être jamais été nommé; et dans ces circonstances difficiles, le vainqueur d'Hohenlinden était signalé trop hautement à Bonaparte par sa renommée, il était le centre de trop d'espérances et l'objet de trop d'embûches, pour ne pas être extrêmement difficile dans ses rapports et réservé dans ses communications. Cependant, *Philopoemen*, au mépris du ban qui lui interdisait l'entrée de Paris, s'empressa de s'y rendre pour nouer avec Moreau les relations dont il faisait dépendre le salut de la France. Un hasard heureux, car il lui avait été impossible de prévoir cette circonstance, avait placé alors auprès de Moreau lui-même l'homme du monde qui était le plus digne d'apprécier les vues de *Philopoemen*, le général Lahory, surnommé depuis *Thrasybule*. Après son initiation, *Philopoemen* obtint aisément d'être présenté par lui au général, et cette communication qui eut lieu à Grosbois, dura trois heures entières, à la satisfaction de tous deux. Ils s'entendirent dès le premier mot, parce que l'opinion qu'on avait fait concevoir à Moreau des hautes qualités de son nouvel ami ne pouvait qu'être avantageusement confirmée par son seul aspect. J'attendais *Philopoemen* dans ma calèche, et je fus surpris de sa joie. Elle ne se manifestait que par des exclamations et des phrases entrecoupées qui, de la part d'un autre homme et dans une autre occasion, auraient présenté quelque apparence de délire. C'est qu'il venait de voir sa pensée se réfléchir dans le cœur de Moreau comme dans un miroir, et que, d'après cette unité de vues, cette sympathie de caractères, il ne doutait plus du triomphe de la société et du salut de la patrie. Il n'y avait rien d'ailleurs à changer à son ouvrage. Il sentait que l'ensemble de son système avait pourvu à tout, et Moreau n'avait pas trouvé une objection qui ne fût prévue, pas une condition essentielle qui ne fût devinée, pas un danger qui ne fût écarté, et quelquefois tourné à l'avantage du plan par des précautions ingénieuses et sûres. Toutes les fois qu'il m'a dit : « Il faudrait, » s'écriait Oudet, j'ai pu lui répondre : « cela existe ! » A la fin il a repris en me serrant la main avec expension : « Puisque cela existe, je suis à la France et à vous. Je ferai mon devoir. » Je ne doute pas qu'il ne le fasse, reprenait *Philopoemen.* Voilà de grands événemens et une grande destinée.

Ces détails me frappèrent tellement, ils sont si présens à ma mémoire, que je pourrais facilement en étendre le récit ; mais les événemens me pressent. Les circonstances qui accompagnèrent la réception de Moreau ne sortirent pas cependant d'un très-petit conciliabule, où je n'eus point l'honneur d'être admis. Le texte le plus strict des statuts n'exigeait que trois *Philadelphes* pour la réception d'un frère à tous ses grades, et comme cette cérémonie demandait une discrétion d'autant plus sévère que *Philopœmen*, qui devait nécessairement y comparaître, était sous le poids d'un ordre d'exil, il fut convenu que ce nombre n'y serait pas excédé. L'état des *Philadelphes* présens fut soumis au récipiendaire qui choisit lui-même les témoins et les agens de son initiation, et elle eut lieu, pour le premier grade, dans un hôtel-garni des environs du Palais-Royal. Le second et le troisième lui furent donnés à Grosbois, où *Philopœmen* passa trois jours en étroites communications avec lui, pendant que l'assemblée de Paris qui se trouvait alors, suivant les états de la Société, la plus nombreuse de France, faisait le choix de cinq candidats dans la liste envoyée par son chef pour la désignation de son successeur. Le nom de Victor Moreau, qui paraissait pour la première fois dans cette liste, frappa les auditeurs d'un étonnement plus facile à comprendre qu'à décrire, mais qui ne tarda pas à se changer en enthousiasme. Son nom fut amené le premier par le scrutin, et on pense bien qu'il ne lui manqua de voix que la sienne pour remplacer *Philopœmen*, dont les motifs de démission n'avaient pu être rejetés. Le second régulateur des *Philadelphes* reçut le surnom de *Fabius*, que des historiens lui ont depuis confirmé, ou par révélation, ou par instinct.

J'ai vu Moreau quelquefois, mais il ne m'est guère connu que par le glorieux témoignage de l'histoire. Il était bien loin d'avoir cette solennité un peu théâtrale, qui était le caractère distinctif de son devancier et qui sert à remuer les hommes. Je lui trouvai la simplicité d'un vieux héros, d'un guerrier classique, et non l'esprit d'un conspirateur. Son adhésion au système de notre institution fut toujours voilée du prétexte d'une liaison morale, et l'habitude de ses mœurs douces et casanières ne laissait pas espérer autre chose à ceux de nous qui n'étaient pas dans sa confidence intime. Il n'aimait pas Bonaparte, mais il ne l'attaquait ordinairement que par des épigrammes sans fiel, et s'il faut le dire, sans conséquence. Ce qu'il y a de plus extraordinaire, c'est que Moreau, tout en se jouant dans ses discours du Gouvernement Consulaire, paraissait redouter d'en porter le poids. Il l'avait refusé, et c'était un tort très-grave, soit qu'il provînt d'un excès inconcevable de modestie, ou qu'il résultât plutôt, comme je suis porté à le croire, d'un penchant déterminé pour la

paresse. En acceptant l'offre du Directoire,
Moreau délivrait la France, et de la tyrannie qu'elle subissait et de celle qu'elle avait
à subir. Il lui épargnait quinze ans de malheurs, et il anticipait de tout ce temps sur le
système de restauration libérale qui nous
était réservé. Je ne le condamne point, ni
pour ce qu'il a fait, ni pour ce qu'il n'a pas
voulu faire ; la pensée de Moreau est au-delà
de toute mesure pour la foule des hommes,
et je me flatte moins que personne d'en avoir
atteint la hauteur ; mais je crois que le sort
du monde devait l'occuper plutôt ou plus
exclusivement, dès qu'il a eu les moyens de
le fixer.

La promotion de Moreau fut prompte-
ment connue dans le grade supérieur de
l'institution. Elle demeura cachée aux autres, du moins assez généralement, ou
parce qu'on y trouvait quelque avantage, ou
parce que le laps extrêmement court de son
exercice ne permit pas qu'elle fût répandue

par des communications verbales. On sait que les *Philadelphes* ne reconnaissaient point leur chef sous son véritable nom, et qu'il ne se manifestait qu'à l'abri d'une pseudonymie qu'il n'était pas permis de violer par écrit. On a déjà vu d'ailleurs que l'élévation de Moreau à cette dignité fut antérieure de très-peu de temps à sa mise en jugement, qui interrompit toutes ses communications avec l'Ordre, et qui rendit un nouveau choix nécessaire. Dans les endroits où la nouvelle en arriva, elle produisit des effets très-contraires ; elle affermit à la vérité quelques esprits prononcés, qui s'étaient pénétrés à l'avance des intentions réelles de la Société, et qui n'attendaient qu'un cri d'appel pour se rallier à la bannière de la restauration. Elle éclaira quelques esprits indécis qui avaient suivi le cours des choses sans se rendre raison de leur but, et qui surent dès lors à quelles destinées les *Philadelphes* étaient appelés ;

mais elle rebuta les esprits timides qui n'a-
vaient vu dans le pacte auquel on les faisait
souscrire, qu'une distraction d'oisifs, Le nom
du premier *Censeur* n'avait point révélé d'ailleurs de projets absolus. Celui de Moreau
faisait tout deviner ou tout croire. Il était
alors le centre d'une foule d'espérances opposées et par conséquent le centre de toutes les défiances du Gouvernement et de
ceux qui croyaient leur existence attachée
à sa conservation. Il en résulta un grand
brisement dans l'institution, et quelques
parties s'en aliénèrent tout-à-fait, pendant
que plusieurs autres se fortifiaient en raison
inverses. On sentit de toutes parts qu'on
avait un plan, une direction établie, une
marche progressive qui, pour n'être pas
bien clairement manifestée à chacun des
membres de la Société en particulier, n'en
paraissait pas moins entraîner la Société
toute entière vers des résultats qu'on ne
pouvait encore que soupçonner, mais aux-

quels' on ne parviendrait point sans des sacrifices immenses. C'était un temps d'épreuves, et *Philopœmen* les dirigeait du fond de sa retraite. Aussi imposant, aussi souverainement puissant dans son abnégation qu'il l'avait été dans ses services, l'inoccupation de son exil, qui le laissait tout entier à l'activité de son âme, le rendait peut-être plus redoutable encore. Je ne sais si Bonaparte soupçonna ce dont l'oisiveté d'un tel homme était capable, mais trois mois étaient à peine écoulés qu'il lui fit expédier un brevet de major ; et comme si un hasard favorable avait voulu faire concourir tous ces événemens, Oudet arrivait à Paris au moment de l'arrestation de Moreau, pour y ressaisir les rênes de l'institution qui échappaient à ses mains, et pour assurer la vie du *Censeur*, en organisant autour de sa prison une conspiration de délivrance.

Les circonstances qui avaient engagé

Moreau dans la célèbre affaire dont je parle,
ne sont pas assez bien connues de ses con-
temporains eux-mêmes, pour qu'on puisse
espérer que l'histoire les éclaircisse jamais
par des notions exactes. Toutes les explications qu'on peut donner à ce fait mémorable, rentrent nécessairement dans la classe
des hypothèses, et on n'a de raisons pour se
décider entre les hypothèses diverses, que des
probabilités plus ou moins incertaines. Celles
qui m'ont frappé ont pour moi une simple
évidence de sentiment que je ne me flatte
pas de faire passer dans l'esprit des lecteurs
qui ne se rendent qu'à l'évidence des faits.
J'ai commencé par établir, je répète souvent, et je persiste à croire, qu'il n'y a rien
de plus semblable à un roman qu'une histoire secrète, qui offre des circonstances
très-singulières et dont on ne peut citer les
témoins. Je n'ai pas entrepris de faire considérer celle-ci comme une autorité suffisante pour régler des points de critique his-

torique de la plus grande difficulté ; mais je ne pense pas qu'ils puissent être réglés sans elle , et c'est pour cela que je présente ma pensée sous la forme d'une affirmation très-positive , même dans le cas où j'aurais beaucoup de peine à la convertir en démonstration. Je suis très-convaincu de ce que j'écris , mais ma conviction n'est une preuve que relativement à moi , et j'entraînerais le lecteur dans un dédale ennuyeux de circonlocutions timides , si je ne hasardais jamais un fait encore nouveau sur une donnée qui m'est propre , sans l'envelopper de restrictions , ou le suspendre en vaines réticences. Mon récit ne peut être regardé , par les lecteurs ordinaires , que comme une espèce de fanal assez aventureux sur une mer inconnue , et il est contre la nature essentielle d'un récit de cette espèce qu'il lui paraisse autre chose. Ceux qui ont visité le pays , sur quelques-uns de ses parages , et même sur ceux dont la situation relative ne permet pas de porter la vue au loin, accorderont plus de confiance aux indications que je donne, parce qu'ils y seront préparés par des notions antérieures. Le petit nombre enfin ne contestera rien, parce qu'il a fait le voyage avec moi, qu'il a vu les mêmes choses que moi et quelquefois davantage. Si cette relation n'avait été imprimée qu'à vingt exemplaires, distribués à vingt personnes qui ont possédé tous les secrets de l'institution, elle n'aurait pas à subir une critique de faits ; mais il m'importe peu qu'elle en subisse, pourvu qu'elle produise tous les effets que j'en attends. Elle doit justifier la mémoire de Moreau aux yeux de ceux qui se croient le droit de lui faire quelque reproche, et qui auraient ce droit dans toute autre hypothèse que celle sur laquelle je me fonde. Elle servira la Monarchie, en l'éclairant sur un grand ressort de mouvemens intérieurs, dont l'existence ne peut être innocemment dissimulée à un bon prince ; elle honorera enfin le souvenir d'Oudet, et elle consacrera les services de l'institution mémorable, dont il a été le propagateur et dont il est encore l'idole et la gloire. Si les cœurs froids ne voient dans ce récit qu'une invention bien ou mal arrangée, comme je suis trop porté à le craindre, j'en suis fâché pour eux et pour l'honneur de l'humanité. Il est bon de croire aux hautes vertus, quand ce ne serait que pour exciter à l'émulation.

La première question qui se serait présentée à un juge impartial, celle qui occupera, avant tout, l'attention de l'histoire, c'est de savoir si Moreau était royaliste et pouvait prêter l'immense autorité de son crédit militaire et de sa réputation morale à la contre-révolution, c'est-à-dire à un système destructeur de celui dont il était l'ouvrage et dont il avait été l'instrument. Tous les raisonnemens, toutes les autorités, toutes les preuves, atténuent, combattent, détruisent cette prévention fondamentale sur laquelle l'édifice entier de la conspiration était bâti. Moreau, éclairé par une expérience irrévocable, Moreau, sage, impartial, modéré, ami par-dessus toutes choses du bonheur public qu'il avait inutilement rêvé dans d'autres systèmes, pouvait sentir à la longue la nécessité d'une rétrogradation mesurée vers la Monarchie, et d'un pacte garanti par des institutions sûres entre les Bourbons et la France; mais Moreau n'avait pas besoin, pour arriver à ses fins, du concours de l'étranger, qui aurait au contraire armé contre lui des préventions dangereuses. Un parti nombreux du Sénat l'appelait à la Dictature; l'armée l'y portait d'une voix presque unanime; et, pour écarter les obstacles qui en embarrassaient devant lui le chemin, il venait de trouver autant de Séides que de *Philadelphes*.

Je sais qu'on a répandu dans le temps

et qu'on n'a pas démenti authentiquement depuis, des bruits très-différens sur l'origine de la conspiration de Moreau. Comme tous les moyens étaient bons pour détruire l'empire que Bonaparte avait usurpé sur quelques esprits trop faciles, et comme la politique astucieuse de cette âme hypocrite n'était d'ailleurs que trop connue par les détours qu'elle savait employer, on crut pouvoir assurer que c'était sa propre police qui avait assemblé tous les élémens de cette affaire, et qu'elle n'avait eu d'autre but dans son organisation que d'amener à Paris le reste des partisans fidèles de la monarchie, ou peut-être que de porter un coup irréparable à l'influence militaire de Moreau. Il est certain que Bonaparte put s'en promettre ces résultats quand elle lui fut connue ; mais il s'en fallait de beaucoup qu'il fût assez affermi alors pour oser hasarder une pareille tentative, qui, toute surprise qu'elle fût avant le moindre commencement d'exécution, mit cependant sa vie et son gouvernement en danger. Cette prévention est une de celles que les nombreux ennemis de la tyrannie accréditaient à dessein sans y donner de confiance, mais parce que l'effet qu'elles produisaient dans l'opinion était favorable à leurs desseins.

Ce qu'on peut présumer de plus raisonnable et de mieux fondé en vraisemblance, c'est que Moreau, assuré des soldats par sa gloire, et de l'estime publique par ses vertus, depuis long-temps appelé par des espérances et même par des sollicitations presque unanimes à la délivrance de la patrie, et se trouvant chef d'une conspiration admirablement organisée, qui mettait dans ses mains les plus puissans moyens de changer la face des choses, ne dut pas balancer sur ce qu'il avait à faire, et transiger avec une si grande destinée. Le rôle de restaurateur de la monarchie était le seul qui pût flatter sa sage ambition en garantissant le bonheur de son pays. Mais il n'était pas le maître absolu de ses moyens : il avait contracté envers les *Philadelphes* une grande responsabilité dont le despotisme inhérent à ses fonctions lui donnait trop de moyens de s'affranchir, mais qu'il n'était pas dans ses principes de rejeter légèrement, surtout sans intérêt pour sa cause et pour le succès de ses desseins secrets. Il ne voulait rien hasarder dans une si grande entreprise, sans s'être assuré des dispositions du Roi, sans en avoir reçu l'énonciation immédiate, et sans avoir pourvu mûrement aux intérêts réciproques de la famille royale et de l'immense famille du peuple dont il faisait partie. Moreau ne pouvait établir aucune communication vague, aucun rapport intermédiaire pour arrêter un projet de cette importance, et il serait absurde de croire qu'il eût jamais traité avec le Roi au nom des Français, et avec les Français au nom du Roi, d'une manière si niaise et si étourdie. Il ne fallait pas d'autre preuve pour l'absoudre devant la raison, mais il ne fallait pas d'autre preuve pour le condamner devant la justice d'un tyran. Quand il a dit lui-même : *Comme depuis dix ans que j'ai fait la guerre, il ne m'est pas arrivé de faire des choses ridicules , on voudra bien croire que je n'ai pas fait celle-là ,* il a abordé la question importante de sa procédure et il l'a fort bien résolue; mais que peut la force de la dialectique la plus éloquente sur un groupe de procureurs imbécilles, investis de la judicature pour condamner les ennemis du premier bandit qui les soudoyait !

On vient de voir que Moreau avait à sa disposition tous les élémens d'une révolution inévitable qui l'aurait investi du pouvoir suprême pendant tout le temps nécessaire pour préparer un changement plus sensible et une régénération plus complète. Il le laissa entendre à Lajolais qui en con-

clut qu'il n'y avait point de temps à perdre
pour les royalistes ; qui toujours pressé d'être
utile, au hasard de l'être à contre-temps,
essaya de l'être cette fois-là plus à contre-
temps que jamais, et dont la *hâtiveté* mal
entendue empêcha l'effet des profondes combinaisons de Moreau. Cette indiscrétion de
Moreau est la plus grande de ses fautes, parce
que le caractère inconsidéré et la loquacité
frivole de Lajolais réprimaient en quelque
manière un pareil excès de confiance. Il
fallait d'ailleurs toute l'impudence de Bonaparte pour oser dire aux Français que
Moreau avait appelé Pichegru et avec lui
soixante proscrits, obligés de chercher les
ténèbres et d'éviter tous les yeux, pour exécuter un coup de main qu'il pouvait com-
mander à six mille braves qui avaient la
confiance du consul et l'accès de ses palais.
Cent fois des ordres avaient été impatiemment demandés à Moreau pour l'enlèvement de Bonaparte ou pour sa mort, et

cent fois il les avait refusés parce qu'il craignait d'agir d'une manière trop prématurée, sinon quant à l'opération qui était extrêmement facile, au moins quant à ses résultats qu'il croyait devoir préparer plus lentement. Comment aurait-il accordé à des étrangers, quelqu'estimables qu'ils fussent d'ailleurs par leur dévouement loyal et leur intrépidité à toute épreuve, ce qu'il n'accordait point à ses compagnons d'armes, à ses amis, à ses frères ? Et cependant il était sûr que ceux-ci ne démentiraient point ses promesses, ne contrarieraient point ses démarches, ne tromperaient point ses espérances ! C'étaient des agens connus, unanimes dans leurs vues, inébranlables dans leur fidélité à sa personne, et qui, s'il faut le dire, appartenaient aussi absolument à Oudet et à Moreau qu'à l'Etat. Voilà peut-être un inconvénient remarquable des Sociétés secrètes dans l'ordre naturel des nations. C'est qu'un homme de génie peut s'y mettre en balance avec la patrie et l'emporter sur elle.

Il serait donc souverainement injuste de faire un crime à Moreau de n'avoir pas voulu agir à la légère et sur la foi de quelques hommes auxquels il était étranger par sa vie politique et par ses principes, quand il était le maître d'amener un résultat plus sûr et plus heureux par d'autres moyens. Les circonstances dans lesquelles il se trouvait étaient très-différentes de celles que nous avons vues depuis ; le défaut de communication immédiate avec l'étranger tenait beaucoup de citoyens dans une ignorance presque absolue des véritables dispositions du Roi ; on ne pouvait former sur les intentions qu'il rapporterait en France que des conjectures plus ou moins hasardées ; et ce n'était pas sur des données pareilles que le chef d'un parti nombreux, qui lui accordait toute sa confiance, devait disposer du sort de ses camarades et de celui de l'Etat. Moreau avait marché dans les rangs de la révolution ; il était lié par ses opinions, par ses faits d'armes, par sa gloire toute entière à cette mémorable époque des temps modernes ; destiné en quelque sorte à la vie républicaine, par la sévérité des mœurs, par la pureté inaltérable de la probité antique, et par l'indépendance de sa grande âme, il avait renoncé à voir cette forme de gouvernement s'établir dans sa patrie, parce qu'une malheureuse expérience lui en montrait tous les jours les inconvéniens sous des couleurs plus sensibles ; mais il ne renonçait point à voir le gouvernement monarchique, tempéré du moins par des institutions sagement libérales ; il ne voulait pas que des réactions cruelles coûtassent de nouveaux torrens de sang français, à cette nation déjà épuisée par les guerres civiles. Son espoir était de remettre le pouvoir dans les mains du Roi légitime : il est impossible d'en douter ; mais il se promettait de le lui remettre librement, de lui-même, et pour accéder au vœu de la justice plutôt que pour fléchir sous la loi de la nécessité. Il aurait craint qu'une transition trop brusque, dans l'état des choses, ne s'opérât pas sans des secousses plus violentes encore qu'aucune de celles que nous avions ressenties, sans des déchiremens qui acheveraient la dissolution du corps social et la perte du royaume. Il pensa, dès les premières ouvertures qui lui furent faites au nom de Pichegru, ou par Pichegru lui-même, qu'il n'y avait point de mode de restauration plus dangereux que celui auquel on voulait l'associer. Ce plan n'offrait rien en effet qui ne fût propre à effrayer une partie nombreuse et puissante de la nation, ou, pour mieux dire, la nation toute entière, en exceptant seulement quelques hommes très-prononcés pour la Monarchie pure, qui n'ont jamais été fort nombreux, et qui l'étaient alors beaucoup moins qu'ils ne le

sont devenus , quand le danger d'être royaliste a cessé. Les braves arrivés de Londres
n'étaient pas de ces gens modérés, de ces
esprits conciliateurs dont l'existence morale
et la prudence éprouvée peuvent offrir quelque garantie à l'opinion , quelque titre à la
confiance. Pichegru lui-même , qui porte
peut-être un des noms les plus respectables
que l'histoire ait consacrés depuis Epami-
nondas , savait si bien qu'on était parvenu
à lui aliéner la plupart des citoyens et des
soldats , qu'il ne pensait pas qu'on pût rien
effectuer sans Moreau , dont la réputation
n'avait pas été , comme la sienne , compromise par le mensonge et altérée par la calomnie. Georges ne devait sa gloire militaire , sur laquelle on n'était d'ailleurs pas
bien d'accord , qu'aux événemens d'une insurrection glorieuse et légitime sans doute,
mais qui n'en passait pas moins pour coupable aux yeux de la foule ; et des jour-
naux dociles l'avaient travesti mille fois en

voleur, en assassin ou en incendiaire. Parmi ses compagnons, il était des jeunes gens
de la loyauté la plus franche, du courage
le plus noble ; des hommes moins distingués par l'éclat d'une naissance illustre que
par leur bravoure chevaleresque et leur
pieux dévouement à la cause d'un Roi malheureux ; mais personne ne les connaissait
dans l'intérieur, où ils pénétraient pour la
première fois depuis leur émigration. Enfin,
il serait inutile de le dissimuler, à cette
élite de héros on avait adjoint quelques
aventuriers, distingués seulement par leur
audace ou leur férocité ; propres à exécuter
un coup de main, et par conséquent très-
utiles à la réussite d'une tentative qui dépendait d'un coup de main, mais trop dignes peut-être du nom général dont on eut
l'insolence de qualifier les conjurés. Je ne
regarde point l'emploi qu'on se proposait
d'en faire comme une vue fausse ou con-
damnable, mais je conviens qu'il y avait

de quoi donner lieu à quelques préventions, de la part de quiconque était pressé
d'entrer dans le plan de Pichegru, et de
courir la chance de ses résultats. Ce que je
remarque est si vrai, et le défaut d'harmonie des élémens de la conspiration était déjà
si sensible, qu'il y avait une scission de volonté et d'intérêts passablement manifeste
dans cette société de malheur, que la vengeance de Bonaparte parvint à frapper. Que
serait-ce si elle avait triomphé de Bonaparte, et que chacun eût été abandonné à
l'essor de ses passions ? Les pièces de la
procédure témoignent fort clairement que
Pichegru était embarrassé de Georges et ne
l'avouait qu'avec peine ; de son côté, Georges et les siens se sentaient entraînés dans
un tourbillon étranger, sans volonté, sans
action propre, utiles par leur dévouement
seul, et ménagés seulement parce qu'ils
étaient utiles ; leurs subalternes ne leur ins-
piraient que du mépris, et c'est au point

qu'ils dédaignèrent de les embrasser sur l'échafaud, où tous les hommes sont égaux, surtout quand ils meurent pour la même cause. Entre les uns et les autres, s'élevait le *Patriciat* de la conjuration, quelques gentilshommes, élevés en gentilshommes, et accoutumés à mépriser tout ce qui n'a pas reçu cette illustre faveur du hasard qu'on appelle la noblesse, mais qui consentaient à prêter momentanément leur cœur et leur épée à Moreau et à Pichegru, parce que Moreau et Pichegru pouvaient beaucoup pour la Monarchie et pour eux. Cette opération avait donc trois têtes diverses, et point d'unité. Elle était donc mal conçue, maladroite et dangereuse, et c'est ce qu'elle parut à Moreau, qui était assez sûr de son fait pour ne vouloir rien donner au hasard. Il est à remarquer, en passant, que de ces trois classes d'hommes opposés en esprit, mais qui tendaient à un but commun, une seule fut frappée. Bonaparte épargna les nobles, pour ne pas irriter des familles qui exerçaient encore une grande influence dans l'Etat, à l'instant où il y prenait si insolemment le rang suprême. On verra quelles considérations sauvèrent Moreau, et les adhérens que l'on crut lui trouver, devant le tribunal qui les avait condamnés d'avance, et qui les ménagea par une réticence dont l'explication a manqué jusqu'ici. Les hommes de Georges, qui s'étaient fait les instrumens dévoués mais passifs de la conspiration royale, furent livrés au dernier supplice, parce qu'il n'y avait pas plus d'intérêt à les laisser vivre que de danger à les faire mourir. Leçon terrible et cependant perdue pour cette partie saine et fidèle de la nation, qui ne consulte que ses affections et son jugement dans l'élection de la cause qu'elle embrasse; qui meurt pour elle, souvent sans gloire, parce que l'histoire dédaigne ses titres modestes; qui jouit de ses triomphes, presque toujours sans récompense, parce que la prospérité oublie les services obscurs ! Il est vrai qu'il y a une consolation dans tout cela, pour ceux qui voient bien les choses : c'est que ceux qui sont morts sont précisément ceux qui n'auraient pas gagné à vivre.

Moreau n'avait certainement pas l'intention de régner, que Pichegru lui reprochait dans un moment d'humeur, par un propos constaté aux débats. Moreau, je le répète, désirait que le pouvoir ne rentrât pas dans les mains des Bourbons, sans une transition dont il pouvait seul occuper l'espace, et au moyen de laquelle il aurait arrêté avec eux une espèce de pacte social ou de traité conciliatoire. Ce que j'avance, avec quelque certitude, sera peut-être un grief contre Moreau, aux yeux des casuistes en politique, des législateurs routiniers, qui ne conçoivent pas qu'un sujet se soit trouvé une fois, dans toutes les hypothèses de l'histoire, obligé de discuter et d'établir avec

son Roi une transaction de puissance à puissance ; mais c'est qu'il y a une puissance que
ces grands observateurs ne connaissent pas,
et dont l'expérience seule peut calculer les
forces : la puissance des événemens.

Si le caractère du Roi avait pu être connu
de Moreau, qui était si digne de l'apprécier ; si Moreau avait pu prévoir alors tout
le bonheur qui attendait son pays sous le
gouvernement paternel de Louis XVIII, il
n'aurait pas hésité sans doute à remettre les
destinées de la France entre ses mains, par
les premiers moyens qui lui auraient été
offerts ; mais encore, il aurait fallu pour
cela que les volontés expresses du Roi lui
eussent été notifiées d'une manière claire,
d'une manière authentique, et qu'il n'eût
pas risqué de compromettre la haute responsabilité à laquelle sa réputation le soumettait, pour une entreprise désavouée. La
parole de Pichegru était, à son égard une
caution très-puissante des intentions du Sou-

verain, et Moreau connaissait trop Pichegru, pour lui refuser la foi qu'elle méritait;
mais il paraissait que l'opération elle-même
avait été donnée au hasard, et laissée à la
merci de toutes les modifications que les
circonstances y pouvaient apporter; il était
même impossible qu'on l'eût arrangée autrement, et qu'on eût pressenti de si loin
des chances si incertaines et si multipliées.
Qui pouvait répondre alors que le Roi ne se
trouvât pas obligé de méconnaître des man-
dataires, ou infidèles, ou hasardeux, ou
inconsidérés, dont le zèle n'aurait pas lé-
gitimé les procédés, s'ils avaient froissé l'intérêt public, révolté l'opinion et compromis la paix? Quel gage de sécurité Moreau
avait-il reçu, pour la révolution et pour
lui? Comment aurait-il expliqué son dévouement crédule et sa docile témérité,
s'il n'en avait recueilli d'autre résultat que
le mécontentement de la nation et la déné-
gation du Roi? Le voyage inopiné de Pi-

chegru et des royalistes qui l'accompa‑
gnaient, lui prouvait qu'on avait mal in‑
terprété à Londres quelques mots jetés au
hasard, dans une conversation confiden‑
tielle. Qui empêchait que les émissaires ,
dont il était entouré, n'interprétassent aussi
faussement les faits qui avaient déterminé
leur démarche , et ne jugeassent aussi mal
des résultats qui devaient en être l'objet ?
Une conspiration préparée hors de France,
par des hommes qui ne voyaient la France
qu'en souvenir , et qui en avaient oublié
l'esprit, ne pouvait réussir que par un de
ces caprices du sort auxquels Moreau n'a‑
vait pas le droit d'abandonner sa fortune,
tant qu'il lui restait des services plus essen‑
tiels et plus certains à rendre à la patrie.

Je ne crois pas qu'il y ait une autre ma‑
nière raisonnable d'envisager les choses, et
que personne ait le droit de juger Moreau
sur les suites malheureuses de son hésita‑
tion , sans égard à la situation fausse et

forcée dans laquelle il se trouvait. Il m'est cependant prouvé que cette hésitation même n'a point été si timide qu'on le croit généralement, et que Moreau, dans l'étrange hypothèse où l'indiscrète confiance de Lajolais l'avait placé, aperçut le seul parti qu'il y eût à prendre en pareil cas, et le proposa franchement à Pichegru, lors de leur dernière entrevue. Après avoir exprimé, avec beaucoup de force et de clarté, les raisons qui l'empêchaient de prêter à la conspiration elle-même l'autorité de son nom, il ajouta qu'il ne voyait point d'inconvénient à l'accomplissement du plan des conjurés, qui était de l'exécution la plus facile, à cette époque où Bonaparte, encore mal assuré dans son usurpation, n'affectait pas tout-à-fait les formes extérieures de la tyrannie, et se laissait approcher, au moins par les militaires. Il engagea Pichegru à remettre le soin et la responsabilité de cette expédition aux hommes entreprenans dont il était accompagné, en abandonnant à la force des choses les effets indubitables qui devaient la suivre. Il n'était pas possible qu'après l'enlèvement de Bonaparte, le Sénat jetât les yeux sur un autre que sur Moreau, pour lui confier les rènes de l'Etat et le faire rentrer dans les attributions du premier Consul. Une fois arrivé à ce point, Moreau, investi d'un grand pouvoir, soumettait la Charte à son Roi et lui rendait le trône : mais il le lui rendait au nom de la nation, et après avoir traité pour elle. Sa dictature n'était qu'une transition douce entre la ty-rannie et le gouvernement légitime ; mais cette transition rassurante prévenait tous les dangers et conciliait tous les intérêts. Elle effraya cependant les royalistes, que la per-fidie de Bonaparte avait accoutumés à la défiance, et qui craignirent de faire des frais inutiles de dévouement pour servir l'ambition d'un nouvel usurpateur. Ces in-quiétudes réciproques, ces réticences alter-

natives qui résultaient du défaut fondamen-
tal de la conspiration, c'est-à-dire, de la
discordance de ses élémens, la firent traîner
en interminables délais et en occasionnèreut
la ruine.

CHAPITRE VI.

Oudet rappelé à l'armée. — Conspiration de délivrance, ou première conspiration militaire pour sauver Moreau. — Institution de la pro-Censure, créée par Moreau en faveur d'Oudet.

J'AI déjà dit que l'arrestation de Moreau concourait, par un singulier hasard, avec le rappel d'Oudet et son arrivée à Paris. On l'avait tiré de son exil, moins sans doute pour satisfaire aux plaintes que cette vexation excitait de tous côtés parmi les officiers, qu'à dessein de l'éloigner du centre de ses habitudes, et de rompre les intelligences qu'il commençait à nouer pour l'insurrection du Jura. Le Gouvernement avait sur ce point des certitudes bien acquises et confirmées bien positivement, par les révélations d'un personnage célèbre de ce temps, dont je serai bientôt obligé de m'occuper avec plus de détails. Cependant l'influence militaire d'Oudet, beaucoup moins éclatante à la vérité que celle de Moreau, mais peut-être plus intime, plus immédiate et plus dangereuse pour le tyran, le sauvait, jusqu'à nouvel ordre, de la proscription et de la mort. Il n'y avait à alléguer contre lui ni pièces probantes, ni témoignages appuyés sur des faits, ni démarches suspectes ou même hasardées ; on ne connaissait ni les moyens qu'il pouvait employer, ni le but vers lequel il pouvait tendre ; et, comme on n'avait pas un seul prétexte spécieux à faire valoir pour justifier des mesures oppressives, on se contenta de l'isoler de toutes ses relations accoutumées, en lui donnant une mission dans le midi de la France, d'où l'on ne pensait pas qu'il pût agir de long-temps sur la Franche-Comté et sur les départemens de l'Ouest. Mais tous les ressorts de la machine surprenante dont il réglait l'action, étaient montés avec tant d'art, qu'elle n'avait plus besoin de sa présence pour achever la révolution de ses mouvemens ; et il ne vit dans la nouvelle forme que prenait son bannissement, qu'un objet d'utilité très-réelle pour la société et qu'un moyen d'en propager les lois, d'en étendre les principes et de faire concourir à son succès de nouveaux adeptes et de nouvelles provinces.

Le premier but qu'il dut se prescrire alors, était de sauver le *Censeur*, et les préventions mêmes du Gouvernement ne s'y opposaient pas, car les sentimens républicains d'Oudet étaient trop publics et trop prononcés pour qu'on le soupçonnât d'être lié à un mouvement royaliste ; et il lui était effectivement étranger, quoiqu'il y coïnci-

dât par des vues secrètes que nous verrons
se développer dans la suite. Cette heureuse
méprise de la police favorisa la réunion
d'un grand nombre d'officiers *Philadelphes*
qu'elle n'honora point de ses soupçons, et
qui vinrent préparer à Paris la délivrance
de Moreau, sans perdre de vue celle de la
patrie qui était leur premier objet. C'est
cette conspiration partielle, ou plutôt ce
symptôme d'une vaste et puissante conspiration, que M. de Beauchamp a désignée
par hasard dans sa *Vie privée de Moreau.*
« La victoire honteuse que Bonaparte ve-
« nait de remporter sur un ennemi enchaî-
« né, » dit cet historien, d'ailleurs moins
exact que fécond et moins fidèle qu'élégant, « avait failli causer sa propre ruine.
« Il s'était formé, pendant le procès de
« Moreau, une véritable conjuration, qui
« tendait à le délivrer, à main armée, s'il
« avait été condamné à mort. Les auteurs
« de ce complot étaient, pour la plupart,

« des officiers revenus de l'armée, et qui,
« travestis avec soin, se tenaient cachés à
« l'écart. La police, instruite de l'existence
« de ce complot, avait fait entourer le Palais
« de Justice de troupes et de canons; vain
« appareil de la force, qui n'eût point em-
« pêché l'explosion et l'exécution du com-
« plot militaire, si Moreau eût été con-
« damné à la peine capitale. Il paraît cer-
« tain, » ajoute le journaliste à qui je dé-
robe ces lambeaux, et que je crois assez
bien informé pour un journaliste, « que ce
« complot militaire était antérieur à la pré-
« tendue conspiration de Moreau, et que ce
« ne fut point l'hésitation de Moreau qui fit
« échouer la conspiration de Pichegru, mais
« bien la précipitation inconsidérée de Pi-
« chegru, sur la foi d'un rapport hasardé,
« qui fit échouer la conspiration de Mo-
« reau. Les élémens qui la composaient
« d'ailleurs, les liens par lesquels il y était
« attaché, » continue-t-il, « et les circons-

« tances qui en empêchèrent le succès, de-
« meureront un secret impénétrable, tant
« que la nécessité d'une révélation publique
« et loyale ne sera pas démontrée aux hom-
« mes purs qui doivent la faire, et qui n'ont
« pas le droit de se dispenser de la faire de-
« puis que les motifs de cette conspiration
« n'existent plus. » Il fallait dire encore :
« depuis qu'ils ne peuvent plus exister ; »
et les *Philadelphes* le savent bien ; les
Sociétés secrètes, qui ont un objet politique, et qui sont héroïques sous les tyrans
dont elles préparent la ruine, sont au moins
inutiles sous un gouvernement naturel et
légitime.

Le serment qui unissait les *Philadelphes*
et qui leur interdisait la faculté de se lier
à une entreprise politique, sans ordre, ou
sans aveu de la Société représentée par son
chef, était trop formel, il engageait Moreau
depuis une époque trop récente, et il l'avait

lié d'une manière trop étroite, pour que ses frères pussent long-temps suspendre sur lui quelque doute injurieux. Les statuts de la Société exigeaient en pareil cas une enquête particulière et la convocation d'un tribunal spécial qui devait prendre une connaissance intime de tous les détails de l'affaire dans laquelle un *Philadelphe* se trouvait impliqué. Condamné, il était livré à la justice ordinaire et aux lois qui sont faites pour tous ; mais absous par ses pairs, il devenait un homme sacré pour eux ; il acquérait sur tous les membres de l'ordre une autorité qu'aucune réunion d'hommes n'a donnée au malheur, une espèce de despotisme qui n'avait souvent point d'autre titre que l'abandon ou la réprobation de la Société commune, mais qui était d'autant plus imposant, ou pour mieux dire d'autant plus absolu, que cette réprobation était plus injuste ou plus cruelle. Institution sublime

où la persécution devenait un titre au dévouement, et où le plus opprimé était proclamé le plus puissant! Il y avait un article
des lois constitutives qui portait en subs-
tance, et peut-être littéralement si ma mémoire est fidèle : « Quand le tribunal con-
« voqué à cet effet aura absous un *Phila-*
« *delphe* accusé, chacun des membres de
« l'assemblée locale lui devra défense, pro-
» tection et dévouement. S'il succombe
« dans l'instruction publique sans que l'as-
« semblée parvienne à le soustraire à son
« jugement, elle sera admonétée ; mais si
« elle ne justifie pas des moyens qu'elle
« aura inutilement employés à son salut,
« elle sera dissoute. »

Le *Censeur* en activité, interrompu dans
ses fonctions par un événement de force
majeure, celui qui l'avait précédé reprenait, aux termes des statuts, l'exercice provisoire de la Censure jusqu'à la nomination
de son successeur, s'il y avait lieu à pro-

céder à cette nomination. Oudet rentrait donc dans les pouvoirs dont il s'était départi quelques mois auparavant, par le seul fait de l'arrestation de Moreau ; mais un acte émané de Moreau lui-même, et qui introduisait dans l'ordre une dignité nouvelle, modifia légèrement cette disposition. Moreau qui avait appris à temps la réintégration d'Oudet dans l'armée et qui sentait la nécessité de lui redonner une influence très-puissante sur la Société dont il connaissait à fond toutes les ressources, s'était démis en sa faveur d'une partie de son pouvoir, sans renoncer à ce qu'il était essentiel qu'il en conservât. Il l'avait nommé *Pro-Censeur* et investi d'une confiance illimitée qui rendait cette dignité équivalente à la Censure même. Elle n'a jamais été supprimée depuis, et comme Oudet qui l'a gardée jusqu'à sa mort, demeura par conséquent, pendant les quatre ou cinq premières années de la proscription du *Censeur*, le centre de toutes les relations *philadelphiques*, il ne passa point aux yeux du grand nombre des *Philadelphes* pour avoir jamais cessé de l'être. L'intervalle qui sépare sa démission de la *Censure* à son élection à la *Pro-Censure* n'est pas de plus de trois mois.

Les *Philadelphes* ne négligèrent aucun moyen pour sauver Moreau, et ces moyens furent si multipliés et ménagés si habilement, qu'il ne faut pas s'étonner de leur succès. Cependant, toutes les ressources de la séduction auraient échoué peut-être si l'on n'avait pas eu autre chose à opposer à Bonaparte, qui avait à sa disposition tant de séductions diverses, et qui répandait si abondamment les faveurs et l'or sur quiconque voulait trafiquer de sa conscience. Les menaces et la terreur devaient agir plus sûrement, et leur effet s'étendit jusques au gouvernement, comme les amis de Moreau l'avaient espéré. Ce fut le gouvernement qui ravit ce grand homme au tribunal qu'il avait chargé de le frapper, et cette proposition, toute vraie qu'elle est, ressemble assez à un paradoxe pour avoir besoin d'un développement de quelques lignes.

L'existence d'un complot immense et audacieux qui avait la persécution de Moreau pour occasion ou pour prétexte, et qui pouvait avoir la chute de l'empire naissant pour résultat, était connue de Bonaparte sans qu'il en eût pénétré le mystère dans tous ses détails. Des bruits populaires très-répandus, des rumeurs élevées dans différens groupes, des placards qui contenaient les provocations les plus hardies, des lettres anonymes qui se multipliaient enfin de la manière la plus alarmante pour le Gouvernement, mais dont l'origine se dérobait à toutes les recherches de la police, quoiqu'elles se reproduisissent jusque sur les bureaux du nouvel empereur, et s'il faut en croire quelques anecdotes du temps, jusque sur l'oreiller où il allait reposer sa tête, cette foule de circonstances ne devait laisser aucun doute sur les événemens qui se préparaient et que la condamnation de Moreau allait faire éclater. Long-temps Bonaparte, dont l'opiniâtreté inflexible s'irritait par les obstacles, s'était confirmé dans la résolution de perdre Moreau par l'intérêt même que celui-ci semblait exciter, et il paraissait difficile que le tribunal se défendît d'accomplir ses volontés, quelqu'intention qu'il eût d'ailleurs de se soustraire à la honte d'une si basse condescendance. Moins confiant que son beau-frère, sans être ni moins ambitieux ni moins indifférent sur la vie des hommes quand elle pouvait servir à cimenter leur élévation, Murat craignit avec raison qu'une mesure de rigueur maladroite ou déplacée ne produisît l'effet diamétralement contraire, et ne déterminât la ruine du trône au moment de sa fondation ; mais il est probable qu'il ne mit point Bonaparte dans le secret de ses inquiétudes, et qu'il se servit d'un moyen détourné pour fléchir cette âme despotique, en la flattant d'un résultat plus propre à satisfaire sa haine et ses projets de vengeance. En effet, Moreau, assassiné de la main d'un bourreau, à supposer que son exécution pût s'accomplir, devenait un objet d'intérêt général ; il devenait surtout un objet de culte pour la partie mécontente de la nation qui était encore très-nombreuse, et son nom honoré comme celui d'un martyr, menaçait de planer long-temps sur le peuple et sur l'armée qui se souvenaient de son courage et qui supportaient impatiemment son infortune. Moreau, condamné au contraire à une peine légère mais humiliante, perdait par ce jugement ses droits à la pitié et peut-être ses droits au respect. On ne voyait plus en lui qu'un grand chef déchu, qui devait l'oubli de ses fautes à l'éclat de ses services, et dont le châtiment modéré témoignait en faveur du tribunal qui l'avait jugé et du Gou-

vernement qui l'épargnait. Moreau, en un
mot, n'était plus persécuté. Il était flétri, et
cette idée convenait si bien à Bonaparte ,
qu'il l'accueillit avec une impitoyable joie.
Je ne dis point qu'il ne se trouva pas dans
le tribunal quelques hommes bien intentionnés qui n'auraient condamné Moreau
qu'à regret, et qui peut-être même auraient
eu le rare courage de l'absoudre , au hasard
de perdre à cet acte de justice les émolu-
mens de leur place et la faveur de la tyrannie ; mais ce qui est de fait, c'est que
la mort de Moreau cessa d'être demandée
par l'empereur, au moment où les débats
s'animaient sur cette question, et que Murat
qui l'avait fait résoudre aux Tuileries est
le seul homme qui puisse se flatter d'avoir
exercé une influence salutaire dans le procès, si toutefois on peut appeler salutaire
une influence dont les effets ont été si bien
entendus pour le succès de l'usurpateur et
pour la perte de ses ennemis. Après la

manifestation formelle de cette dernière résolution, la discussion ne se prolongea que par une espèce de pudeur, ou pour rendre hommage aux formes. Il serait donc d'autant plus inconsidéré de se targuer de l'absolution de Moreau, quand on a eu le malheur d'être son juge, qu'on ne peut le faire sans rappeler qu'on a pris part à la condamnation *unanime* de ses prétendus complices; l'opinion qu'on s'honore d'avoir émise sur un des accusés, n'a rien de commun avec l'opinion politique qu'on veut avoir professée alors, puisqu'elle est bien loin d'avoir été aussi favorable aux autres serviteurs dévoués de la cause royale; et on ne pourrait l'attribuer tout au plus qu'à des ménagemens particuliers qu'il y a deux ou trois manières de mal-interpréter. Quoi qu'il en soit, Moreau fut déclaré coupable et condamné à deux ans de détention. Ce jugement produisit le résultat perfide que la nouvelle cour en avait attendu; les *Phi-*

ladelphes qui entouraient le Palais de Justice et qui avaient souvent témoigné à Moreau, pendant le cours de la procédure,
les dispositions auxquelles ils se livraient
et les sentimens dont ils étaient animés,
soit par les signes qui sont pratiqués dans
leurs assemblées, soit par des gestes encore
plus intelligibles, virent succomber leur
chef et s'évanouir cependant le prétexte du
mouvement qu'ils avaient préparé pour le
sauver et sauver la France avec lui. La
tyrannie qui serait tombée le jour même
fut prorogée de dix ans, et le coup d'état
qui perdait Moreau sans le tuer, frappa de
mort une génération entière que le mauvais ange des nations devait moissonner
sur le champ de bataille. Quant aux malheureux royalistes qu'une fidélité passive et
obéissante avait amenés à Paris à la suite
de leur général, ils périrent presque tous
sans autre regret sans doute que d'avoir si
vainement compromis leur vie, et de ne

laisser aucun fruit de leur courage. On rapporte qu'un des serviteurs les plus affidés
de l'usurpateur pénétra dans leur cachot
pendant le cours de la nuit qui précédait
l'exécution, et qu'il les y trouva en prières.
Après les avoir regardés quelque temps
avec un respect dont il ne pouvait se défendre, il adressa la parole à Georges, et
lui dit qu'il venait au nom de son maître
lui offrir un emploi honorable dans l'armée;
il ajouta que la clémence de l'empereur
s'étendrait même à ceux des hommes qui
l'accompagnaient, et qui voudraient se lier
à son service par une abnégation sans réserve de leurs anciens principes : « Ceci
« ne me regarde pas seul, » répondit Georges, « et vous me permettrez de com-
« muniquer vos propositions à mes cama-
« rades pour en prendre leur avis. » Il
leur transmit alors les propres termes de
ce message, et attendit leur réponse. Burban
se leva le premier en criant : *vive le Roi !*

et dix voix couvrirent la sienne de la même acclamation. « Vous le voyez, Monsieur, » reprit Georges « nous n'avons qu'une pensée et qu'un cri : *vive le Roi!* Ayez la bonté « d'en faire part à ceux qui vous envoient.»

CHAPITRE VII.

Seconde conspiration militaire des *Philadelphes*, connue sous le nom de *Conspiration de T*. . . . — Projet d'alliance. — Révélation de Méhée.

———

Il ne faut pas croire cependant que l'absolution de Moreau eût tout-à-fait désarmé les *Philadelphes*. On n'a pas oublié que certains d'entre eux manifestèrent le dessein de frapper Bonaparte, à l'instant où il faisait aux Invalides la distribution des croix; et si cette résolution n'eut point de suites, c'est qu'elle fut conçue trop à la hâte, et qu'elle ne dépendait point d'un plan déterminé sans lequel un *Philadelphe* n'avait jamais le droit d'agir. Un chef d'escadron de Dragons, allant recevoir sa décoration de la Légion-d'Honneur au pied de l'estrade sur laquelle Bonaparte était élevé, quatre ou cinq officiers se groupèrent sur ses pas, en portant la main sur la garde de leur épée, et l'un d'eux lui adressa distinctement cette question menaçante, mais heureusement susceptible de plus d'une interprétation : « *Est - il temps ?* » Elle parvint jusqu'aux oreilles de l'usurpateur qui pâlit d'épouvante et qui se leva de son trône avec un emportement mêlé de terreur. Cependant la présomption qui résultait de cette phrase équivoque, ne parut pas suffisante pour motiver une accusation d'ailleurs dénuée de toutes preuves. L'exil seul en fit justice, en attendant qu'un prétexte plus spécieux prêtât quelque apparence d'équité à des persécutions plus graves.

Il n'était pas besoin de la belle conduite que les royalistes avaient tenue dans l'affaire de Moreau pour décider Oudet à lier à son entreprise les hommes forts et loyaux de leur parti. Il était trop démontré dès lors, pour quiconque avait des vues pures et des idées saines sur l'état de la France, qu'on ne pouvait la sauver que par le rétablissement de la monarchie dans la famille et sous la protection des princes légitimes. Tout prouve même qu'Oudet n'avait pas attendu pour arrêter son opinion, que le mauvais succès de la conspiration de Pichegru, par défaut d'ensemble, démontrât à tous les ennemis de la tyrannie consulaire ou impériale, de quelque opinion qu'ils fussent d'ailleurs, qu'il était impossible de renverser cet échafaudage monstrueux, tant qu'on ne s'entendrait pas au moins dans la combinaison des premiers moyens. Ce projet demandait un grand concours de forces ; et ce n'était pas trop que de réunir toutes les forces d'opposition connue dans une action simultanée : mais le nœud qui pouvait les attacher les

unes aux autres, était plus difficile à former
que le nœud gordien n'était difficile à dis-
soudre. Il paraissait même impossible à ceux
qui ne savaient pas encore qu'il n'y a rien
d'impossible pour la constance et pour le
génie.

J'ai répété souvent que l'inclination naturelle d'Oudet, et si l'on veut le besoin
insurmontable qu'il ressentait de s'ouvrir
une grande carrière qui n'est ouverte aux
grands talens sans naissance que dans les
gouvernemens libéraux, l'avait porté d'a-
bord, et dans la ferveur de ses premières
passions, à une prédilection prononcée pour
la république; mais il n'était pas comme
tant d'autres, engagé par des fautes, retenu
par des excès qui lui rendissent le retour
impossible. Aussi modéré dans ses actions
qu'exalté dans ses sentimens, il n'avait jamais compromis sa conduite publique par
une démarche qui pût encourir le plus lé-
ger reproche; et la tolérance inébranlable

de son caractère était si bien exprimée par
la douceur angélique de sa physionomie,
que son visage aurait démenti ses paroles
si la chaleur du paradoxe l'avait entraîné,
comme cela pouvait arriver souvent, au-delà des bornes de la justice et de la vérité. Je
l'ai entendu répondre à des prêtres sollicités
de prêter le serment du Concordat, et qui
l'interrogeaient sur le parti à prendre dans
cette difficulté, par la belle sentence de
Pythagore : « Consultez votre conscience et
abstenez-vous dans le doute. » Je l'ai vu
établir son système libéral et poser les bases
de sa république imaginaire dans vingt conversations diverses, parmi des interlocuteurs
très-divisés d'opinions, sans qu'il lui arrivât
jamais d'en choquer un seul ; je dirai plus,
sans qu'il lui arrivât jamais de ne pas plaire
à tous. Son exaltation entraînante et poéti-
que, dont il n'était pas maître lui-même,
pouvait faire quelquefois des sectateurs à
une idée fausse, mais elle n'a jamais servi

une passion. Il avait des illusions comme
tous les hommes, et il s'y livrait sans réserve,
tant qu'elles n'intéressaient que son esprit,
mais il n'y avait pas à craindre qu'il les con-
vertît en systèmes, et qu'il en essayât légèrement l'application. C'était une âme trop
belle, et pour son pays et pour son temps :
on ne s'étonnait donc point qu'elle vécût
ailleurs en imagination, et qu'elle substituât
des chimères charmantes aux réalités affli-
geantes de la société. On pardonnait à Oudet
de rêver comme *Platon*, parce qu'on savait
qu'il pensait comme lui et qu'il portait toutes
les vertus dans son cœur. On concevait
même, en l'écoutant, la possibilité d'une
république bien heureuse, celle qui aurait
été peuplée d'hommes qui lui ressemblas-
sent. Il est vrai qu'il n'y avait pas d'argument plus puissant contre ses sophismes, et
que l'énonciation de cette idée transportait
tout-à-coup l'auditeur dans la région des im-
possibles.

Il m'est donc parfaitement démontré qu'Oudet fut l'inventeur de ce projet d'alliance ou de fusion des partis qui pouvait seul amener la destruction du despotisme impérial par le rétablissement des Bourbons et des lois. Les gens clairvoyans et bien intentionnés des deux opinions s'y rallièrent assez vite, aussitôt qu'on pût en soupçonner l'existence, mais il remplit d'effroi deux classes trop nombreuses qui passèrent dès le même instant dans la dépendance du tyran, parce que la conservation de son épouvantable système leur offrait une espèce de garantie : l'une était composée des royalistes infidèles qui avaient vendu pour quelque place ou pour quelque salaire, plus vil encore, les sentimens de reconnaissance héréditaire qui devaient les lier à la cause de leurs maîtres ; l'autre des républicains avides ou féroces qui avaient souillé leur cause par des bassesses, ou qui l'avaient rendue horrible par des cruautés.

Un grand nombre de ceux-ci avaient été jetés à l'île de Ré, par une de ces mesures de sûreté que le pouvoir absolu ne se croit pas obligé d'expliquer, et dont les honnêtes gens ne croient pas avoir d'intérêt à se plaindre. Oudet qui était convaincu que, dans une conspiration bien faite, il faut savoir tirer parti de tout, et qui avait eu occasion de voir la plupart de ces exilés dans sa garnison de Saint-Martin, s'était emparé de certains d'entre eux sans les associer à aucune de ses secrètes pensées, et surtout sans charger la Société dont il était le chef, d'une recrue qui aurait pu ne pas obtenir son aveu. S'il en était quelques-uns que la souplesse de leur esprit, l'audace de leur caractère et une grande habitude des hommes et des choses pendant le cours de la révolution française, rendissent éminemment propres à des services importans, il se les attachait facilement au moyen de quelques fausses concessions qui ne compromettaient ni la Société ni lui. C'est en ôtant toute prise à la délation, et en ne laissant voir de sa pensée que ce qu'il pouvait en montrer sans danger, qu'il échappa, ou aux investigations astucieuses, ou aux révélations maladroites de ce M. Méhée qu'il avait lié à son entreprise, sans lui abandonner une seule confidence dangereuse. Quand M. Méhée compromit la vie et du moins la liberté de toutes les personnes faciles qui s'étaient ouvertes à lui, ou si l'on veut, quand les aveux de M. Méhée servirent de prétexte à cette persécution, car il n'est pas de mon intention de rien ôter à la latitude de sa défense morale, son écrit n'exposa point la tête d'Oudet, parce qu'il ne put le faire soupçonner de rien qui ne fût connu de Bonaparte, ou qui ajoutât quelque chose à sa conviction antérieure. Bonaparte savait bien qu'Oudet lui portait une haine inviolable, et qu'il n'avait point d'ennemi plus à craindre ; mais

encore une fois, il n'y avait aucun fait positif qui justifiàt ses soupçons et qui lui
donnât le droit de frapper Oudet de la
main du bourreau. Poussé par une inspiration infernale, il attendit une occasion
plus facile, que la guerre ne devait pas tar-
der de lui procurer.

Je n'ai pas besoin de raconter comment
M. Méhée, qui se surnommait alors *Muller*,
Jablonski ou *Obreskow*, mais qu'Oudet,
trompé peut-être, qualifiait d'un surnom
plus énergique, laissa surprendre à la Police le secret de sa mission, s'il parvient
heureusement à prouver qu'il ne le lui a
pas livré. On eut dès cette époque la sol-
licitude effrontée de ramasser ces turpitu-
des dans un volume *in*-8°, sorti des presses
impériales, et que M. Méhée désavoue maintenant, dit-on, avec quelque apparence de
vérité, puisque le Gouvernement auquel il
en attribue la supposition était notoirement
enclin à cette espèce de supercherie, dont

il n'est pas difficile de citer d'autres exemples. Ce qu'il y aurait d'étonnant, c'est que M. Méhée fût parvenu à se faire plus vil dans son livre qu'il ne l'aurait été réellement dans le cas de la délation dont on l'accuse, et qu'il s'y fût prêté d'infâmes couleurs qui n'auraient existé toutefois que dans son imagination. Il serait faux, même en dépit de lui, qu'il eût pris sa spéculation de si loin, et qu'il eût mûri si long-temps sa lâcheté et sa bassesse. Ce serait la force des circonstances, ou l'avidité toujours croissante de la cupidité, ou l'habitude de mentir, même pour le service de son parti, qui l'aurait conduit à le trahir si indignement, et non une spéculation long-temps prévue, un calcul froidement ménagé. Il lui restait même bien évidemment, à en juger au besoin par l'ouvrage qu'il ne reconnaît pas, une espèce de pudeur qui perce, on ne sait comment, au milieu de toutes les révélations, et qui atteste, je ne sais quelle arrière-pensée dont je ne serais pas fâché qu'il se fît une ex-cuse s'il ne peut pas faire autrement. Il serait trop fâcheux pour l'honneur de l'es-pèce humaine d'être obligé de croire à tant de faiblesse.

Parmi les réticences de M. Méhée, il ne faut pas compter le silence qu'il a gardé sur les *Philadelphes*, car il m'est démontré qu'il en ignorait l'existence ; mais il est évi-dent qu'il connaissait Oudet pour le chef d'un parti nombreux, puissant, dévoué surtout, et s'il l'a nommé quelque part, ce n'est pas dans son livre. Il se contente de le désigner dans sa correspondance avec M. Drake d'une manière qui ne peut pas laisser de doutes à ceux qui m'ont lu avec quelque attention, mais qui n'a pas le ca-ractère d'une dénonciation formelle pour les autres. « Le chef que vous m'engagez « à vous faire connaître, » dit-il, (page 147, de l'ouvrage intitulé : *Alliance des*

Jacobins de France avec le ministère an-
glais, suivie des Stratagèmes de Francis
Drake), « est un homme de vingt-huit ans,
« d'une taille et d'une figure distinguées. Sa
« bravoure passe ce que je pourrais vous
« en dire ; il parle avec grâce et écrit avec
« talent. Les républicains ont en lui une
« telle confiance qu'ils le voient sans la
« moindre inquiétude dîner chez le Premier
« Consul, quand il quitte son corps pour
« venir à Paris et faire la cour aux dames
« les plus répandues au palais consulaire :
« voilà comme les républicains le considè-
« rent. Si vous voulez que j'ajoute à ces
« traits celui que je crois pour mon compte
« avoir distingué en lui, c'est qu'il est d'une
« ambition démesurée, et qu'il se moque
« autant des républicains que des royalis-
« tes, pourvu qu'il arrive à son but. Je crois
« avoir gagné sa confiance en affectant, tête
« à tête avec lui, une morale beaucoup
« moins sévère que celle dont il se pare en

« public. Le Premier Consul fait tout pour
« se le concilier ; mais il n'y aurait pour
« cela qu'un moyen qui convînt à l'autre,
« ce serait de lui céder sa place. »

Il ne s'agit pas de discuter ici les inductions qu'on peut tirer de ce portrait, surtout dans sa partie injurieuse. Je n'ai pas
dissimulé qu'Oudet fût ambitieux, je crois
même que c'était la nuance dominante de
son caractère ; mais sa loyauté n'aurait pu
être mise en question que par un esprit perfide et qui se serait identifié avec la calomnie au point de l'introduire partout où le
hasard le faisait pénétrer. L'auteur de l'écrit
dont je parle n'était peut-être pas plus digne
de juger Oudet par ses qualités que par
ses défauts ; ou, pour mieux dire, il y
avait dans les défauts nombreux d'Oudet,
dans ses imperfections les plus sensibles,
dans ses faiblesses les plus condamnables,
une sorte d'élévation à laquelle le vulgaire
ne peut jamais atteindre, même par la pen-

séc. Que serait-ce donc, si cette appréciation émanait, comme on l'a supposé,
des derniers rangs de l'ordre moral, d'un
homme qui avait fait abjuration vénale de
son honneur, de l'indigne délateur dont
M. Méhée se sépare avec adresse et sans
doute avec des raisons valables que l'histoire accueillera? Un reptile, et le plus vil
de tous, peut se traîner sur la statue d'un
dieu ; il peut l'entourer de ses replis et
l'infecter de ses venins, mais il ne la mesure pas.

M. Méhée fut envoyé à Besançon, sous
le nom de Muller, pour l'organisation de
l'alliance qui a été révélée si hautement
depuis sous le nom de M. Méhée. Oudet,
certain des élémens qu'il avait amassés dans
ce coin de la France pour un mouvement
partiel, se disposait dès lors à l'effectuer,
et il avait choisi à dessein un émissaire dont
l'existence politique offrait quelque garantie à son parti. M. Méhée, agent des Bour-

bons, était, suivant l'opinion commune, une assez bonne caution de l'oubli de toutes les fautes et du pardon de toutes les injures. C'était sous ce rapport surtout que son choix présentait des avantages qui nous avaient séduits, et il ne manquait pas de talent pour le rendre profitable à la patrie, s'il en avait bien senti l'importance, et qu'il n'eût pas été capable de mettre un instant les intérêts de la patrie en balance avec les siens. Je n'attends pas la justification qu'il annonce pour penser qu'il partit avec l'intention d'être utile, et que s'il a cédé à la séduction, il ne l'a trouvée qu'en route. La prudence infaillible d'Oudet y avait heureusement pourvu, comme à toutes les choses que le hasard laisse à la prévoyance de l'homme, et un envoyé particulier, expédié à temps, prévint les principaux agens de Franche-Comté contre un messager imprudent ou infidèle, qui perdit, dès ce moment, tous ses rapports avec le système de la conjuration. Il faut convenir qu'il se rendit même assez de justice pour ne pas entreprendre de les renouveler.

Toutes les communications de M. Méhée avec M. Drake et avec le ministère anglais, prouvent qu'Oudet lui avait livré, avec sa réserve ordinaire, un petit nombre de données générales, qui suffisaient pour le service du parti, mais qui ne pouvaient rien pour sa perte. Ainsi, M. Méhée, ou celui qui a eu l'audace d'écrire pour lui, et qui soutient que ses bulletins étaient tout entiers d'invention, n'inventait certainement ni le portrait d'Oudet, ni l'existence du comite d'alliance, qu'il ne pouvait connaître à la vérité que par une approximation très-vague, quoiqu'il en indique assez bien les élémens ; ni les mouvemens préparés dans certains lieux qu'il désigne toujours avec exactitude, mais sans donner aucune idée des moyens, parce qu'on l'avait tenu sur ce point dans une heureuse ignorance. Ce n'était pas au hasard que cet écrivain officiel dénonçait des provinces, et Bonaparte savait bien que cette Franche-Comté, si obstinément accusée par ses espions, renfermait ses ennemis les plus implacables, puisqu'il évitait déjà d'en approcher; mais le soupçon qu'il laissait planer sur la Franche-Comté ne la rendait que plus redoutable, en compromettant indistinctement ses habitans. La délation escroquée à M. Méhée, selon l'hypothèse la plus favorable pour lui, ne changea donc rien à l'ancien plan des *Philadelphes*, et peut-être elle le servit, en faisant naître dans l'esprit des hommes les plus exagérés l'idée d'une réunion de forces et d'une concession réciproque de principes qui ramènerait, presque sans efforts, un ordre de choses universellement désiré. Ce résultat fut même

si public et si évident, que M. Méhée pourrait s'en servir avec plus de vraisemblance
que d'aucun autre moyen, pour donner une
couleur d'utilité à la dénonciation qu'on
lui impute, si le fait en retombe définiti-
vement sur lui.

CHAPITRE VIII.

Troisième conspiration des Philadelphes, connue sous le nom d'Alliance. — Son histoire. — Ses résultats.

Après le départ de Moreau, Oudet, pressé par des ordres supérieurs de se rendre à sa destination, ne s'y décida point cependant sans avoir tout préparé pour la révolution prochaine qu'il prévoyait, et à laquelle il ne manquait plus que l'assentiment du Roi. Il ne voulut pas toutefois se montrer à Besançon dans ces circonstances, et il se contenta d'appeler auprès de lui deux *Philadelphes*, dont le dévouement lui était parfaitement connu, et qui pouvaient lui tenir lieu de tout intermédiaire avec la Société. C'était *Spartacus* et *Werther*, que j'ai déjà nommés, et dont l'intelligence, souvent éprouvée par des missions difficiles, n'inspirait pas moins de confiance à Oudet que leur honneur et leur courage. Tous deux liés à *Philadelphie* par des sermens sacrés, et à la personne de son chef par une espèce de culte qui les tenait dans la plus étroite dépendance de ses volontés, ils penchaient cependant l'un et l'autre vers les opinions des royalistes, disposition déterminée par leur naissance ou par leurs relations et très-exagérée par la haine que l'esprit de l'institution leur avait fait concevoir contre Bonaparte. Ils n'attendaient même, pour embrasser ces opinions à découvert, que l'aveu de l'homme habile dont l'autorité réglait despotiquement toutes leurs pensées; et Oudet, qui était sûr de flatter leurs sentimens secrets, n'hésita pas à leur confier

le projet auquel ses résolutions s'étaient arrêtées, celui de rétablir la monarchie des
Bourbons sous le régime de la Constitution
de 91, en faisant concourir à ce grand mouvement les opinions les plus opposées en
apparence. Trois corps d'officiers, prononcés pour ce plan généreux et tout prêts à
servir de leur épée les événemens qui allaient en déclarer l'existence, composaient
la plus grande partie des garnisons compri-
ses dans le premier arrondissement de l'insurrection, et influaient sur le reste, d'une
manière puissante, ou pour mieux dire certaine. Il avait fallu adresser aux agens connus du Roi, dans les endroits où ces agens,
généralement assez réservés dans leur zèle,
manifestaient encore leur existence par quelques velléités d'être utiles, des émissaires
nouveaux qui n'inspirassent pas les mêmes
soupçons que Méhée, et qui ne pussent disposer d'ailleurs que de secrets sans danger.
Les communications les plus vagues étaient

suffisantes dans l'état des choses, moyen-
nant qu'elles fissent présumer à Louis XVIII
ce qui se passait en France, et qu'elles rap-
portassent aux hommes fidèles, qui se dévouaient encore à sa noble cause, l'espoir
d'être justifiés par son aveu. Ces mesures
prises, l'opinion mûre et le peuple disposé, il n'était question que d'établir un
rapprochement très-facile à opérer entre les
partis, et que de former dans un lieu quelconque un noyau d'insurrection, qui serait
grossi en deux jours d'une foule innom-
brable de mécontens, et entretenu par le
zèle ardent de plus de deux cents *Philadelphes* déterminés, dont certains étaient
très-exercés à la guerre. Telle est la mission
dont furent investis *Spartacus* et *Werther,*
dans les conférences de Dôle, et dont j'exa-
minerai rapidement les résultats, non qu'ils
aient eu quelque importance en eux-
mêmes et qu'ils doivent laisser de grands
souvenirs à l'histoire, mais parce qu'ils n'ont

pas été loin de changer le sort de la France
et qu'ils se rattachent immédiatement ,
comme je le ferai voir, aux conspirations
de Mallet. Ces détails, publiés aujourd'hui
pour la première fois, me sont confiés par
quelques-uns des conjurés, qui ont pu les
observer de très-près, et qui n'ont été étrangers à aucune des circonstances intéressan-
tes de l'événement.

Je crois avoir dit que *Werther* appartenait à la noblesse. Il avait une figure agréable, des manières élégantes, de l'activité,
de l'esprit et du courage. *Spartacus*, un
peu plus avancé en âge, quoique très-jeune
encore, se distinguait par une exaltation
qui était capable de tous les sacrifices, et
par une facilité de caractère, par une ex-
pansion de sensibilité qui le mettait en rapport avec tout le monde. Ses opinions courageuses le faisaient accueillir des personnes les plus distinguées par leur naissance,
ce, qui restaient dignes de leur naissance,

comme il en était quelques-unes. Ses manières affectueuses, son abandon familier le
rendaient plus cher encore aux hommes
forts de la classe du peuple, dont il avait
cultivé l'amitié par instinct plutôt que par
calcul. Tous deux étaient connus par la
franche liberté de leurs principes, par leur
opposition souvent manifestée à la tyrannie
impériale, par quelques talens et surtout
par quelques malheurs. Oudet les crut, avec
raison, capables de ménager le rapprochement indispensable sur lequel il fondait le
succès de ses espérances, mais il ne leur
permit aucune confidence entière, et il n'ad-
mit lui-même à la sienne qu'un *Philadelphe*
de plus, au moins pour ce qui concernait
les bases, les moyens et l'époque de l'insurrection qu'on n'avait besoin de révéler
au grand nombre que par le fait. Ce fut
Thémistocles officier très-considéré qui
était chargé d'organiser un grade inférieur
dans la force armée, et dont la prudence

et la fidélité sauvèrent presque tous ceux qui coopéraient à l'entreprise, quand la plus infâme trahison l'eut fait échouer.

Werther retourna dans le Jura, dont l'excellent esprit, la position géographique et les relations faciles et multipliées avec l'étranger, faisaient le centre d'insurrection le plus favorable qu'on pût choisir. *Spartacus* fut envoyé à Besançon, qui était le quartier-général de la conspiration, et dont il était essentiel de s'assurer en y laissant au moins les fermens d'une insurrection auxiliaire. Quelques jours suffirent pour rapprocher les hommes de bonne foi qui pouvaient représenter moralement les deux partis et qui voulaient les représenter d'une manière profitable pour la monarchie. Il ne fallut pas plus de quelques heures pour convenir de certains principes auxquels ils s'arrêtèrent sans difficulté, parce qu'ils se trouvèrent du premier abord animés du même esprit. M. le marquis de Jouffroy

traitait au nom des royalistes, dont sa probité antique et sa franche courtoisie ga-
rantissaient assez les intentions loyales.
MM. Martenne et de Franchet étaient des-
tinés à diriger les mouvemens intérieurs de
la place après l'explosion des mouvemens
du dehors. M. le lieutenant-colonel Pyrault,
chevalier de Saint-Louis, officier aussi aimable que brave, et l'un des caractères
les plus chevaleresques de l'émigration,
fut chargé du commandement général;
M. Léclanché, qui agissait avec une extrême bonne foi pour les républicains ral-
liés au système constitutionnel, avait composé les premiers cadres d'insurrection armée, d'une foule d'habitans des campagnes
du Jura qui se présentèrent au premier
appel, et qui répondirent aux espérances
des conjurés tant qu'elles purent se soutenir. Un grand nombre d'hommes distingués par leur naissance, leur courage ou
la fermeté de leur conduite, fortifièrent

successivement l'*alliance*, du crédit de leur
nom ou de l'influence de leur caractère.
La propagande la plus téméraire et la plus
imposante à la fois, celle qui se sert pour
répandre et pour consacrer ses principes
du saint ministère du sacerdoce, forma des
adeptes zélés dans les villages les plus obscurs ; et des prêtres éloquens, dont on n'a
pas assez honoré le courageux enthousiasme, un Antoine-Remi Delacour entre
autres, osèrent proclamer la vérité pros-
crite, dans la chaire de vérité, et rappeler
au peuple malheureux le bonheur dont il
jouissait sous ses anciens rois. La citadelle
de Besançon était prête à arborer l'éten-
dard aux fleurs de lys, et la fidélité de
deux supérieurs successifs avait été mise
à des épreuves difficiles. On n'y craignait
que l'obéissance passive et aveugle d'un
dépôt de conscrits réfractaires ; deux jeunes
gens dévoués se déterminèrent à aller par-
tager leur sort et préparer leurs résolu-

tions. Les autorités étaient bonnes presque partout, et le gouvernement, comme égaré par un esprit de vertige qui ne l'a perdu que trop tard, semblait conspirer contre lui-même. Enfin, il n'y avait pas une petite ville où il ne se trouvât un comité royaliste, pas un bourg, pas un hameau dans lequel les hommes ou les circonstances n'eussent assemblé des élémens de révolution et assuré des intelligences au premier chef de parti qui se présenterait. Il n'était besoin que du son d'une cloche, ou du bruit d'un tambour pour déterminer un soulèvement, que d'un drapeau pour assembler une armée, que d'un chef pour la conduire ; et le moment où cela devait arriver était appelé par tous les vœux. Le serment qui m'engage envers les *Philadelphes*, et qui me défend de les faire connaître sous leur nom social dans un écrit qui n'est pas exclusivement fait pour eux, m'a interdit le plaisir de nommer ceux qui vivent encore, quoiqu'il m'eût été difficile de ne pas les nommer honorablement. Quant aux royalistes zélés, aux patriotes purs, aux gens de bien de toutes les classes qu'ils parvinrent à s'attacher dans les nombreuses occasions où leur courage fidèle entreprit le rétablissement de la monarchie, et qui ne me sont qu'indirectement connus sur les traditions de ma société, je me trouve à leur égard dans des rapports très-différens, si je ne me trompe, et je ne me crois pas obligé en conscience à refuser à leurs noms une publicité que leur modestie désavoue peut-être, mais que l'histoire réclame pour eux.

Oudet, satisfait du commencement de cette organisation à laquelle il paraissait étranger quoiqu'il en fût le moteur secret, ne vit pas d'intérêt·à en suivre les développemens sur les lieux mêmes. Il ne s'agissait plus que de la généraliser en préparant sur d'autres points qui lui étaient bien connus, des mouvemens analogues, et sa présence

n'était par conséquent nulle part moins nécessaire qu'en Franch -Comté. Il passa dans
le Béarn après avoir établi entre ses principaux agens un mode infaillible de correspondance qui devait le tenir au fait de tous
les progrès de son ouvrage. Ceux-ci, unique
et sûr intermédiaire entre *Philadelphie* et
l'alliance, formaient le nœud indivisible et
indissoluble de cette conspiration partielle
avec la conspiration permanente de la Société, dont ils étaient les sentinelles per-
dues. L'inquisition de la Police pouvait
donc remonter jusqu'à eux , mais jamais
au delà, si elle parvenait à découvrir leurs
opérations, avant que la réussite en fût assurée, et c'est ce qui arriva peu de temps
après, au moment même où l'ensemble des
moyens ne laissait plus rien à désirer aux
esprits les plus inquiets.

Par une rencontre singulière et qui tenait
du miracle, quelques *Philadelphes* que les
circonstances de la guerre ou des commis-

sio̅ns spéciales de leurs chefs avaient conduits en Allemagne ou en Italie, se trouvèrent initiés par le brave et habile Du Châteler à un plan d'insurrection du Tirol, dont l'objet, comme celui de la Société dont ils faisaient partie, était la délivrance et la régénération de l'Europe asservie par une famille d'aventuriers. Ils furent frappés de la ressemblance de quelques-uns des moyens et surtout de l'institution d'une Société secrète qui semblait calquée sur la leur, et qui l'était peut-être en effet. Ce rapprochement remarquable leur suggéra l'idée d'établir entre les deux Sociétés quelques points de connivence qui les missent en état d'agir dans des vues bien coordonnées et de marcher au même but l'une par l'autre. Il ne faut pas oublier que ce pacte mémorable est le premier germe de l'insurrection européenne qui a rétabli au moins pour long-temps la balance des empires et la tranquillité des peuples.

Le moment était pris et les moindres détails prévus, les uniformes prêts et les proclamations imprimées, quand une circonstance inattendue fit naître de nouveaux aperçus en réduisant tout le plan de la conspiration à une opération extrêmement aisée qui épargnait une foule de lenteurs, les hasards d'une guerre civile, et beaucoup de troubles et de sang. Bonaparte qui n'avait fait que préluder à la monarchie universelle, en usurpant l'empire, venait de se faire décerner la souveraineté de l'Italie, et il allait ceindre à Milan sa seconde couronne sur les débris des républiques qu'il avait fondées. La première idée qui frappa les chefs de l'insurrection fut la possibilité de fermer au tyran le retour des Alpes, et d'appeler contre lui, par l'initiative du Jura, l'alliance de trois ou quatre nations adjacentes, les Génevois, les Vaudois, les Valaisans, les Suisses qui n'aspiraient qu'à s'armer avec quelque espoir de succès contre i'oppresseur du monde. La plus faible lueur qui manifesterait cet orage près d'éclater donnait l'éveil aux montagnards du Tirol et à ceux des Appennins, et de ces hauts sommets de notre occident, asile immémorial de la liberté, il lui descendait tout à coup une armée de vengeurs. Ce spectacle était fait pour séduire, même en espérance, des imaginations jeunes et fortes. Il n'y en avait point de plus beau en effet, et c'était la première fois qu'il s'offrait aux regards du monde, que celui d'une ligue de peuplades obscures, à peine parvenues à l'adolescence de la civilisation, et unies pour sauver de la barbarie qui suit toujours le despotisme, les contrées les plus perfectionnées de la terre. Il était facile en apparence de faire sortir les libérateurs de l'Europe des châlets de l'Helvétie, mais la Providence qui voulait donner une leçon plus formidable aux nations égarées, ne daigna pas le souffrir; et comme si un caprice

aveugle avait déterminé son choix, elle fit
passer les armes que nous avions préparées pour notre salut dans les mains des
hordes sauvages qui vivent au bord du
Tanaïs.

Le second avis qui fut ouvert était plus
simple encore, et d'une exécution plus facile. L'itinéraire de Bonaparte le faisait traverser les montagnes et les forêts du Jura,
et on savait qu'il n'était accompagné dans
ce voyage que de cinquante cavaliers divi-
sés en deux pelotons égaux, dont l'un précédait, et dont l'autre suivait sa voiture.
Cent hommes bien armés suffisaient pour
faire face à tous deux, et même pour les
culbuter, pendant qu'un groupe intermédiaire cernait l'équipage, enlevait le tyran,
et le transportait en quelques minutes dans
des lieux inaccessibles à toute entreprise
humaine. Cette expédition parut si assurée
dans les moyens, elle mettait d'ailleurs un
terme si court à l'insurrection, ou plutôt

elle sauvait si évidemment à la France les malheurs inséparables d'une guerre civile, qu'elle ne donna pas lieu à la plus légère contestation. Le temps pressait, mais tout se trouvait disposé pour une grande tentative, de quelque nature qu'elle fût, et celle-là n'était qu'un jeu auprès de celles qu'on avait préparées. Un jeune homme, plein de zèle et de courage, qui avait déjà fait la guerre de parti avec succès, M. Buguet, actuellement officier d'état-major, fut chargé de l'opération dont le conseil d'alliance, présidé par M. le marquis de Jouffroy, régla l'ordre et la conduite pour tout ce qui pouvait être prévu. Trois jours après, M. Buguet commandait cent quatre-vingts hommes d'élite, armés de fusils simples ou doubles, et disséminés sur un espace très-étendu en pelotons peu nombreux, à la hauteur des villages de Tassenière et de Colonne. Cette petite armée, couverte du prétexte d'un trac, et qui ne pouvait présenter en dernière analyse aux soupçons de la police qu'un rassemblement de braconniers, était distribuée de la manière la plus convenable pour se concentrer au premier appel sur le point où l'on voudrait la porter. Des cavaliers affidés qui couraient en ordonnances depuis ses derniers postes sur la route de Bonaparte, devaient annoncer son passage quelques heures à l'avance, et il n'en fallait pas tant pour achever les dispositions nécessaires. Le reste se bornait à une évolution dont l'idée se serait offerte à l'esprit le plus simple, et qui interceptait le mouvement de l'escorte sur la voiture, évolution dont la facilité passe toute expression, dans une route assez étroite et tracée au milieu d'un fourré impénétrable à la cavalerie. Vingt tirailleurs d'une adresse infaillible, scrupuleusement choisis sur plus de mille, et embusqués de distance en distance, étaient réservés pour le cas d'une résistance qu'on supposait à peine, et qui

était cependant de toutes les chances possibles celle qu'on redoutait le plus, parce
qu'elle aurait coûté, au grand regret des
conjurés, quelques gouttes de sang français. Des mesures si bien prises ne pouvaient pas manquer leur effet, et il ne restait pas le moindre doute sur la réussite,
quand à la suite de plusieurs messages successifs qui annonçaient l'approche de Bonaparte, on apprit qu'il était retourné sur
ses pas au dernier relai pour prendre une
route plus longue et plus difficile qu'il
avait quittée la veille. On ajoutait que la
désordre et l'inquiétude qui se manifestaient dans sa physionomie marquaient assez
la véritable cause de cette démarche rétro-
grade, et tout prouvait que le secret de la
conspiration lui avait été lâchement vendu.
Il est vrai qu'un soi-disant agent royaliste,
très-nouvellement arrivé du dehors pour
une commission importante relative à l'*alliance*, et compris encore dans cette glo-

rieuse liste d'exception où les chambres
ardentes de la police cherchaient leurs victimes, avait disparu la veille sans qu'on
sût quelle route il avait prise. Mais on
osait à peine arrêter sur lui un soupçon
injurieux que beaucoup de circonstances
ont aggravé depuis, sans que rien l'ait suf-
fisamment confirmé pour le tourner en certitude. Ce qu'il y a de trop positif, c'est
que cet ambassadeur, au moins inexact,
se rendit à Paris sans poursuivre sa mission, sans s'occuper d'en rendre compte;
qu'il y fut accueilli, à ce qu'il paraît,
avec des égards rarement accordés aux
proscrits, rentrés sans autorisation spéciale, et que son nom n'a pas cessé depuis
d'être investi d'honneurs déshonorans qu'il
avait peut-être payés du sien.

Cette circonstance fut suivie, à peu de
jours près, d'un mandat d'arrêt décerné
contre les chefs connus du comité d'alliance.
M. Pyrault, M. Léclanché, M. Buguet

et le jeune *Philadelphe,* que j'ai toujours désigné sous le nom de *Spartacus.* M. Léclanché fut seul surpris, parce qu'il se trouvait hors du rayon de la force organisée. Les autres, prévenus à temps et sauvés par les moyens mêmes qui devaient servir à leur arrestation, se dérobèrent sans peine à des poursuites illusoires, à des recherches qui n'avaient qu'une apparence d'activité, et qui demeuraient toujours volontairement infractueuses, à tel point que les autorités supérieures ne pouvaient s'expliquer la maladresse bienveillante, et réellement inexplicable, de leurs agens. L'un des fugitifs, tombé par mégarde au milieu d'un détachement qui le pressait depuis huit jours, après plus de quatre-vingt lieues de détours en tous sens, s'évada sur le cheval d'un des hommes qui étaient chargés de le saisir. Quant à la détention de M. Léclanché, qui fut très-longue et très-rigoureuse, elle ne resta cependant pas sans

avantage pour *l'alliance*. Les effets du hasard, ou peut-être quelques combinaisons
secrètes, le servirent si bien, qu'il se trouva
en rapports successifs, dans ses différens
cachots, avec M. le marquis de Rivière,
M. Bouvet-de-Lozier et M. Gaillard. L'idée
de conspirer du fond des prisons était encore nouvelle, et on ne s'attendait pas au
parti que Mallet en pouvait tirer un jour;
mais elle était justifiée d'ailleurs par une
considération tirée du cœur humain. Cette
communauté de malheurs que le tyran avait
établie entre tous ses ennemis était un des
vices radicaux de sa police. Il ne savait pas
que l'oppression assimilait toutes les pensées, qu'elle opérait une espèce de rapprochement sympathique parmi les esprits les
plus dissidens, et qu'elle pourvoyait ainsi
à la plus grande difficulté de la contre-révolution. Non seulement ce doux commerce
de pitié réciproque qu'entretiennent des
proscrits ouvre leurs cœurs à des commu-

nications plus étroites, non seulement l'habitude de la persécution les prépare à des
résolutions plus fortes et mieux combinées,
mais il y a dans leur captivité même une
sorte de garantie qui les encourage et qui
les prémunit contre les terreurs communes.
Le conspirateur du dehors a tout à craindre,
parce qu'il a tout à perdre ; une fois signalé
aux sbires de la tyrannie, soumis à leurs
enquêtes et privé de sa liberté, il ne redoute
rien, parce qu'il a tout à gagner. Son imagination, excitée par la solitude, par l'oisiveté du corps, quelquefois par le désespoir
lui-même, ne s'attache qu'à des entreprises
imposantes, et leur dévoue l'emploi de
toutes ses forces, qu'aucun autre soin ne
distrait : ainsi, tels bras qui eussent négligé
de s'armer contre un brigand heureux, s'il
ne les avait pas réduits à l'esclavage, se
roidissent pour le combattre de toute l'é-
nergie dont il croit les avoir frustrés. Li-

bres, ils le ménageaient peut-être ; captifs, ils l'écrasent de leurs chaînes.

L'influence d'Oudet sur le pays qui avait dû être le théâtre de cette conjuration nouvelle, et où tous ses principes fermentaient encore avec une activité menaçante, était trop connue de Bonaparte, pour que celui-ci l'y crût tout-à-fait étranger ; mais il chercha le nœud incompréhensible qui l'y attachait, et il ne le trouva point. Le chef de l'institution terrible qui minait le gouvernement impérial, caché derrière tous les effets qu'il se plaisait à produire comme un machiniste habile, était présent partout et ne paraissait jamais. Récemment venu de l'exil, il fut frappé d'un exil nouveau ; mais on ne put le compromettre dans aucune accusation déterminée, et généralement, cette conspiration, la plus grave et la mieux ourdie de toutes celles qui ont éclaté sous le règne de Bonaparte, avant la seconde conspiration de Mallet, se déroba aux investigations des observateurs les plus subtils et les plus intéressés, de telle sorte qu'elle ne donna pas même matière à une instruction publique. Dans les informations du préfet du Doubs, que la classe commune des conjurés déjoua avec beaucoup d'esprit, mais qu'une caste plus élevée et plus docile, parce qu'elle avait un meilleur parti à tirer de ses faiblesses, seconda presque universellement, avec une condescendance mémorable, le nom d'Oudet ne fut pas même prononcé. Tranquille dans sa noble retraite, sur la foi inviolable de ses courageux amis, il recevait dans ses bras l'enfant qui venait de naître de son mariage contracté l'année précédente à l'île de Ré, et s'adressant à quelques *Philadelphes* qui l'entouraient : « Il est trop jeune, s'écriait-il en le pressant sur sa poitrine, pour s'en-

« gager à vous par le serment d'Annibal ;
« mais souvenez-vous que je l'ai nommé
« *Eliacin*, et que je lui lègue la garde du
« temple et de l'autel ; si je meurs avant
« d'avoir vu tomber de son trône usurpé le
« dernier des oppresseurs de Jérusalem ! »

CHAPITRE IX.

Suite de la conjuration de l'*Alliance*. — Première
conspiration de Mallet.

L'ÉVÉNEMENT malheureux qui avait fait
échouer la conjuration de l'*Alliance*, eut
cependant, comme la révélation de Méhée, un avantage incontestable. Il donna
une grande publicité au pacte des royalistes et des républicains purs, et il fit concevoir à tous les esprits la possibilité d'effectuer ce rapprochement d'une manière
plus sûre et plus profitable pour l'Etat. Il
est vrai qu'il acheva de décourager les ca-

ractères timides et d'aliéner les caractères irrésolus; mais la conspiration des *Phila-delphes* ne pouvait que gagner à cette épreuve épuratoire. Oudet la regarda comme la dernière des initiations, et il se félicita de la désertion de quelques âmes faibles auxquelles on ne pouvait se livrer sans risquer d'être trop souvent déçu. Ce ne fut pas même dans les hauts grades de la société que se manifesta cet esprit de dégoût, qui succède ordinairement à une longue suite de tentatives inutiles et qui altère quelquefois les résolutions les plus courageuses. C'était cependant dans les hauts grades que résidait particulièrement le secret d'Oudet qui l'y avait plus ou moins disséminé, et que personne ne pouvait se flatter de posséder tout entier. La dénonciation de Bodemann, la troisième à ce que l'on croit qui ait paru compromettre l'existence des *Philadelphes*, n'apprit rien de posisif à la police, et ne servit qu'à confirmer ses soupçons sans les éclairer. Bonaparte sentait partout l'action de cette Société terrible, sans pouvoir la réprimer, parce qu'elle lui échappait sans cesse, et qu'il ne la connaissait que par ses effets sans arriver à ses causes. Il était placé au milieu d'elle comme *Polyphème* aveugle au milieu des compagnons d'*Ulysse*, trop sûr que ces ennemis dangereux et déterminés le pressaient de tous côtés, mais ne les trouvant nulle part.

L'insurrection de Franche-Comté s'était dissoute en attendant une nouvelle occasion d'arborer les drapeaux de l'*Alliance*. Cinq de ces chefs, ou détenus ou proscrits, renfermaient dans leur cœur son mystère inviolable. Quelques autres couraient de ville en ville pour entretenir ce levain sacré, dernier espoir probable de la monarchie. *Spartacus*, après trois ans de persécutions, de fuite et d'incroyables misères, se réunissait aux bandes de Du Châteler, et cherchait une noble occasion de hasarder contre le tyran de sa patrie le reste de quelques jours inutiles. Son nom disparaît de l'histoire de *Philadelphie* avec celui de *Thémistocle* que la persécution réduisit au suicide.

Quant à *Philopœmen*, il n'avait pas laissé vaquer la *pro-Censure*, encore une fois inutile dans ses mains. La *Censure* exercée par Moreau, banni au-delà des mers, n'était en effet qu'une dignité honoraire et presque illusoire, qui ne servait qu'à placer la Société sous les auspices d'un nom historique. Oudet seul tenait les rênes de l'institution et la dirigeait dans une voie qui n'était connue que de lui, vers un but qu'il avait aperçu et signalé le premier; mais son nouvel exil exigeait une nouvelle cession de pouvoirs, et c'est la seconde fois que le nom de Mallet se présente à l'historien des *Philadelphes*. Mallet, alors peu connu même à Besançon, où il avait laissé des préventions sans doute injustes, faisait par-

tie de la Société depuis si peu de temps,
qu'il était à peine connu dans le grade supérieur auquel-il était rapidement parvenu,
sous le nom de *Léonidas* qu'il a si glorieusement justifié. Les personnes les mieux ins-
truites parmi celles que j'ai consultées ne
sont pas d'accord sur l'époque et sur le lieu
de sa réception.

J'ai essayé de caractériser Mallet au commencement de cet écrit par quelques traits
d'observations qui me sont propres, mais
qui tiennent à des vues et à des circonstances locales, fort antérieures aux événemens historiques sur lesquels sa réputation
est fondée. Cependant, ce que j'en ai dit
justifierait peut-être le choix d'Oudet, si la
généreuse entreprise et la mort héroïque de
Mallet ne le justifiaient pas assez pour moi.
Pour concevoir le plan immense du premier, il fallait le coup d'œil profond et la
puissance créatrice du génie; pour saisir ce
plan, pour le suivre, et même pour l'ac-

complir, il ne fallait que la fermeté impas-
sible que j'ai attribuée au second, et qui distinguait éminemment son caractère. Oudet
avait construit le navire et s'était livré avec
lui à la merci des mers et des tempêtes ;
forcé de jeter l'ancre bien loin du port qu'il
s'était promis, et dont de nouveaux orages
l'éloignaient tous les jours, il assurait au
moins le sort de son équipage en amarrant
le bâtiment à un rocher. Tel était le général
Mallet, que certains biographes ont entrepris de faire aimable, quoiqu'il ne fût qu'inflexible, et qui n'offrit aux *Philadelphes*,
pour me servir de l'expression énergique
d'Oudet, que la garantie *d'une probité de
fer et d'une fidélité d'acier*. L'expérience a
prouvé pourtant que son âme stoïque avait
conservé quelque chose de cette timidité
morale qui est l'apanage des douces vertus,
mais qui perd les conspirateurs. Il retarda
le salut de la France en hésitant sur un meur-
tre nécessaire.

Mallet ne se vit pas plutôt maître des élémens d'une insurrection armée, qu'il céda au besoin d'essayer ses forces, avec une impatience qui tenait de la précipitation. Il s'empressa d'appeler du Jura quelques républicains prononcés, mais purs, qui sans avoir pris une part très-active à la première conjuration d'*Alliance*, y avaient cependant figuré honorablement. Un comité secret fut formé, une dictature provisoire organisée, une assemblée générale d'hommes choisis dans les quarante-huit sections de Paris, convoquée et tenue, Mallet mis personnellement en rapport avec plus de mille conjurés. « Dans la nuit du 29 mai, » dit M. Lemare, à qui j'emprunte quelques-uns de ces détails, « plus de six cents ordres « étaient signés, scellés du sceau de la dic- « tature, trois mille proclamations et dé- « crets étaient datés, les postes assignés, « les rôles distribués. Le quartier-général « allait être établi à quatre heures du matin

« à l'hôtel de Cambacérès, où tous les minis-
« tres devaient, les uns se rendre, les au-
« tres être conduits. A une heure tout fut
« ajourné et perdu. »

Cette première conspiration de Mallet le
compromit aux yeux des *Philadelphes*,
parce qu'ils crurent remarquer que le nouveau chef voyait en eux un instrument trop
passif de ses projets, et ne semblait pas
attendre, comme Oudet, l'aveu indispensable de l'ordre, avant de procéder à leur
exécution. Il paraissait, en effet, que deux
Philadelphes seulement, pris peut-être au
hasard dans les grades intermédiaires, avaient
été appelés à ses conseils, et qu'on s'y était
déterminé sans égard aux vues dès lors in-
variables de la Société. Le mauvais succès
de son entreprise excita l'intérêt tiède qu'on
prend aux peines d'une connaissance éloignée, et non le poignant déplaisir que nous
inspirent nos propres malheurs, ou ceux
d'un frère que nous chérissons comme nous-

mêmes. Oudet s'était toujours tellement identifié avec les *Philadelphes*, qu'il n'y avait pas un *Philadelphe* qui ne fût comme persuadé que sa pensée la plus intime et ses affections les plus chères vivaient dans le cœur d'Oudet. Le cœur austère de Mallet, son âme sans effusion était un foyer éteint, où nous ne pouvions plus allumer le feu sacré de l'amitié et du dévouement. Liés à ses volontés par l'obéissance, nous ne lui appartenions point par l'enthousiasme, et notre servitude n'était plus un plaisir. Nous nous trouvâmes comme la première Société des hommes quand elle passa du gouverne-ment de la famille et de la touchante souveraineté du père, sous le sceptre d'un roi étranger. Et cette considération seule explique le mystère merveilleux de notre existence, pendant tant d'années d'inquiétudes et de calamités, sous la Censure d'Oudet. Celui-là était bien le maître que nous avions élu, l'arbitre absolu, mais choisi, de nos actions, le nœud de notre alliance, le charme de nos assemblées et le but de nos desseins. Il n'était pas seulement le chef de la Société, il en était le secret. Son âme, pleine de tendresse, nous embrassait tous, et nous entraînait dans ses moindres résolutions avec une force inexprimable que nous ne méconnaissions point, mais à laquelle nous nous faisions une joie d'abandonner toutes nos facultés. Nous n'avions alors qu'un regret : c'était de ne pas faire, ou plutôt de ne pas pouvoir davantage. Il exerçait sur nous une tyrannie très-réelle, mais qui ne gênait pas notre liberté, parce qu'elle ne résultait que des concessions que nous lui avions librement faites, et qu'il avait l'air de marcher avec nous partout où il nous menait. Jamais l'égalité n'a existé parmi les hommes au même degré que parmi les *Philadelphes*, et cependant jamais la confiance d'un grand nombre d'hommes dans les intentions d'un seul n'a été plus aveugle, leur soumission à ses volontés plus passive. Toutes les lois de la Société pliaient devant ce mot magique : *Oudet l'a voulu*; et surtout devant celui-ci : *Oudet l'a désiré.* Je douterai rarement du succès d'une conjuration dont on pourra dire la même chose. La conjuration de Pélopidas était aussi composée de frères, et les phalanges thébaines ont peut-être donné l'idée de l'institution des *Philadelphes ,* comme la ligue achéenne celle de leur république imaginaire.

La première conspiration de Mallet, renfermée dans un comité de cinq personnes, dont quatre lui ont survécu, MM. Bazin, Gindre, Corneille et Lemare, n'est que la plus ridicule des rêveries, si elle ne s'explique par une organisation préliminaire dans l'armée, et par l'affiliation de son chef à une Société très-puissante, prête à le seconder au premier signal. Elle donne lieu à deux simples questions que je vais exa-

miner, ou plutôt résoudre, puisque leur
solution sort naturellement des faits établis.
Quels étaient les véritables élémens, les
moyens essentiels de cette conspiration ?
quel en était l'objet ?

M. Lemare, qui a consacré, dès les commencemens de la restauration, une bro-
chure très-courte, et surtout très-insuffi-
sante à l'histoire de cet événement, garde
un silence singulièrement remarquable sur
la nature des ressorts que Mallet se proposait de faire agir, soit qu'il ne les connaisse
point, ce qui paraîtrait fort extraordinaire
de la part d'un des membres du comité in-
surrectionnel, et de celui peut-être qui
avait le plus de part à la confiance de
Mallet ; soit qu'il ait trouvé à cette réticence un avantage que je ne puis apercevoir dans l'état actuel des choses. Quatre
ou cinq lignes seulement, tombées de sa
plume par une sorte de distraction, révè-
lent la Société sans la nommer, mais si dis-

tinctement toutefois qu'il est impossible de mettre une autre explication à la place de celle que je donne. « On saura, dit-il, que « sans le secours d'encres sympathiques « ni d'écritures chiffrées, *Mallet assistait* « *à toutes les opérations de l'armée* , con- « naissait toutes les anecdotes de quelque « importance, et recevait des nouvelles de « Moscou même. » Ainsi, les *Philadelphes* remplissaient leurs devoirs envers Mallet, tandis que celui-ci les tenait dans une ignorance profonde de ses desseins, et n'y associait qu'un petit nombre d'affidés, nouvellement introduits dans la Société. Ne faut-il pas en conclure que, déterminé dès lors à changer sa direction, et mal assuré du concours des opinions diverses, il avait pris le parti d'agir sans la consulter, et de la faire participer, peut-être en dépit d'elle-même, au mouvement qu'il préparait ? Dans cette derniere hypothèse, n'est-il pas évident que le mouvement qui faillit avoir lieu en 1808 n'était pas conforme a l'esprit des *Philadel-phes* , et qu'il avait conséquemment un autre but que celui qu'on lui attribue aujourd'hui?

La première conspiration de Mallet n'a pas éclaté. Il paraît qu'elle n'a jamais été bien connue du Gouvernement, puisqu'elle n'a été suivie que d'une persécution sourde, trop sensible pour ceux qui l'ont subie, mais trop peu remarquable d'ailleurs pour qu'on prît la peine de la motiver juridiquement, ce qui était alors et si sûr et si facile. Il paraît même qu'elle n'a jamais été bien connue de ceux qui y participaient, puisque M. Lemare, qui se borne à un *coup d'œil sur son origine, ses élémens, son but et ses moyens*, ne porte pas même ce coup d'œil au-delà des vues les plus communes, et que M. Lafond paraît craindre d'en réveiller le souvenir. Elle a excité quelque intérêt depuis la restauration, parce qu'elle a été regardée comme l'avant-scène d'un

épisode singulier de notre histoire, et que
cet intérêt, d'ailleurs extrêmement juste,
s'est attaché indistinctement à toutes les circonstances de la vie d'un héros qui s'est
assimilé, par sa mort, aux plus illustres
martyrs des causes nobles et libérales. Personne ne professe une estime plus haute et
une plus franche admiration que moi pour
le caractère de Mallet; personne ne considère plus que moi sa loyauté chevaleresque,
sa fermeté inflexible, sa délicatesse et son
intrépidité; personne n'est plus convaincu
que sa dernière entreprise n'avait point
d'autre objet que le rétablissement de la
monarchie dans l'auguste famille des Bourbons, parce qu'elle n'en pouvait point avoir
d'autre pour un homme qui unissait l'intelligence au dévouement, et le jugement au
courage; personne enfin n'est plus éloigné
de faire un crime à Mallet de ses opinions
antérieures, parce que les opinions de
Mallet n'ont jamais cessé d'être naïves,

généreuses et désintéressées ; parce que
l'expérience seule, et une expérience très-
longue et très-difficile, pouvait ramener de
certains esprits aux idées essentielles et
fondamentales, dont ils avaient été distraits
par des erreurs spécieuses ; parce que la
grandeur de ses dernières résolutions et
l'héroïsme de ses derniers momens absou-
draient le crime lui-même, et n'ont que
trop racheté de faibles égaremens de principes. C'est pour l'amour seul de la vérité,
c'est pour rendre à l'inaltérable sincérité de
Mallet un hommage qu'avouerait son cœur ;
c'est pour ne pas tromper l'histoire, qui
attend sur lui des notions positives à la
place des hypothèses romanesques et des
anecdotes fardées de ses biographes, que je
me crois obligé à dire ma pensée toute entière sur cette conspiration, essai inutile et
prématuré de ses forces. Tout prouve que
cette conjuration avortée aurait tourné, par
son résultat, à l'avantage de la monarchie,

mais qu'elle ne peut pas être comptée parmi les titres des royalistes ; qu'elle n'appartient aux *Philadelphes* que par l'homme qui l'a conçue, et quelques-uns de ceux qui l'ont servie ; et que si Mallet avait péri dans sa première tentative, tous les partis lui devraient de l'admiration, mais les républicains seuls des regrets.

CHAPITRE X.

Insurrection du Tyrol. — Campagne de 1809. — Bataille de Wagram. — Mort d'Oudet.

J E ne me crois pas obligé à donner de longs détails sur les Sociétés secrètes du Tyrol, quoiqu'elles aient été liées à celle des *Philadelphes* par une longue et intime confraternité de principes et de distinction. Ces Sociétés ont publié elles-mêmes leur histoire et leurs règlemens dans deux langues très-répandues, depuis les événemens qui ont opéré la régénération de l'Europe, et sur lesquels elles ont influé à leur manière. C'est dans ces mémoires importans dont on nous fait espérer la traduction ; qu'il faut étudier leur origine, suivre leurs progrès, méditer leurs plans, et reconnaître les résultats auxquels elles sont enfin arrivées. Qu'il me suffise de rappeler que la fameuse insurrection qu'elles produisirent en 1809 faillit abréger de cinq ans la servitude du continent, et que si elles avaient été secondées par les chefs du système politique même pour lequel elles se dévouaient si généreusement, c'en était fait déjà de la monstrueuse tyrannie de Bonaparte. Dans un âge plus ancien, les noms des Schill, des Schlegel, des Chateler, auraient été consacrés à la reconnaissance des peuples comme ceux des Goetz et des Melchtal ; mais les peuples usés ne savent honorer que des talens frivoles qui achèvent la corruption des mœurs publiques, ou je ne sais quel héroïsme funeste qui n'étonne l'humanité qu'en la désolant.

La célèbre campagne de 1809 allait com-

mencer, quand Oudet fut tiré de l'exil par
un ordre du ministre de la guerre, qui le
mandait à Paris. On lui annonçait le grade
de général de brigade, qui était dû depuis
long-temps à ses services, mais on exigeait
de son zèle l'organisation préalable d'un
régiment de ligne supplémentaire, qui portait alors le n°. 6, et qui passa sous le n°. 9,
à la suite de trois intercallations que les
circonstances rendirent nécessaires. Ce brevet lui donnait une latitude sans bornes
pour le choix des officiers qui devaient
servir sous ses ordres, ou plutôt que sa faveur devait signaler à la proscription, et il
n'y avait effectivement pas de meilleur
moyen d'éclairer les soupçons de Bonaparte sur ses dangereux ennemis. Le piége
étoit grossier, mais Oudet ne l'évita point,
quoiqu'il fût loin de le méconnaître. Le
droit de former un régiment tout animé de
son esprit le remplit d'espoir et de confiance, et il ne douta pas qu'il n'eût le temps

de prendre une initiative éclatante sur les projets du tyran. Il y a des crimes que la vertu ne prévoit pas, même quand elle est éclairée par la prudence et par le génie.

L'événement dont je rends compte est entouré cependant de trop de ténèbres pour qu'on puisse l'établir d'une manière positive, et justifier autrement que par des présomptions une opinion appuyée d'ailleurs sur des circonstances vagues et douteuses. Si le scepticisme est la plus essentielle des qualités de l'historien, c'est surtout quand les faits qui s'offrent à ses récits sont susceptibles d'une interprétation calomnieuse qu'il n'est pas permis de hasarder à l'égard des scélérats eux-mêmes. Je me bornerai donc à raconter ces faits comme ils me sont parvenus, et sans en tirer des inductions trop faciles, mais dont la vraisemblance spécieuse pourrait à toute force n'être qu'une erreur.

Le 6 juillet 1809, époque de la fameuse

bataille de Wagram, est un des jours qui ont le plus puissamment contribué à l'illustration de nos armes. L'affaire presque décidée, à dix heures du matin, était entièrement terminée à midi. Oudet et les officiers d'élite dont il avait pris soin de s'entourer, avaient fait des prodiges de valeur. Ceux-ci pour la plupart rappelés de l'exil par leur colonel, comme leur colonel l'avait été par le ministre de la guerre, se trouvaient heureux de pouvoir signaler leur courage dans les premières occasions, et de se rendre dignes à force de bravoure de la justice tardive qui venait de leur être rendue. Quelques-uns avaient été tués dès le commencement de la mêlée ; presque tous avaient reçu quelques blessures ; et Oudet, frappé de trois coups de lance qui paraissaient sans danger, mais qui lui faisaient perdre beaucoup de sang, s'était fait lier sur son cheval. Il attendait l'ordre de se retirer sur Vienne, dont il n'était pas à plus de douze cents toises, quand il reçut celui de se porter avec son régiment à trois lieues dans le sens opposé, vers un des points où les débris de l'ennemi s'étaient jetés. Il lui était prescrit de placer ce corps d'observation dans un poste avantageux sous le commandement d'un chef de bataillon et d'un sous-officier par compagnie; après quoi il devait se rendre au quartier-général avec le reste de son corps d'officiers pour y prendre des ordres ultérieurs. Les détails de cette opération le conduisirent jusqu'à la nuit, et il était onze heures du soir quand il tomba au milieu d'une embuscade qui tua tout son monde, sans même se découvrir. Inutilement ses camarades lui avaient fait un rempart de leur corps, dernier témoignage d'un dévouement généreux qui ne servit qu'à prolonger son agonie. Au lever du soleil, on trouva vingt-deux cadavres entassés sur le corps d'Oudet, le seul qui parût respirer encore.

Oudet n'était effectivement pas mort : il vécut trois jours, et ces trois jours lui suffirent pour mettre ordre à des affaires de famille qui exigeaient une grande contention d'esprit, et dont le sort à venir de son unique enfant dépendait. Le troisième jour il expira doucement au milieu de quelques soldats qui oubliaient leurs blessures et leurs douleurs pour ne s'occuper que des siennes. La nouvelle de cet événement se répandit dans l'armée plus vite qu'on ne l'aurait voulu ; le bulletin de Wagram, qui accordait les honneurs d'une mention particulière à une foule d'officiers obcurs, enveloppa en vain le nom d'Oudet dans une périphrase dont très-peu de monde avait le mot, c'est-à-dire dans la simple énonciation du grade dont il avait pris possession la veille. Il déguisa vainement cette circonstance et les particularités qui l'avaient accompagnée, sous une formule banale qu'il était trop aisé de démentir. Oudet, blessé dans la bataille, et relevé près du champ de bataille, n'était cependanf point mort *sur le champ de bataille*; et quelle raison avait-on pour donner à ce mensonge une autorité historique? Je souhaite que la solution de cette question ne se trouve pas dans la conscience de quelque assassin.

Quoi qu'il en soit, Oudet et cette fleur de héros qui venait d'être moissonnée autour de lui, emportèrent les regrets universels. Quelques officiers blessés qui avaient été transportés dans le même hôpital, déchirèrent leur appareil en voyant sortir son corps. Un jeune sergent-major qui le suivait se précipita sur la pointe de son sabre à quelques pas de la fosse. Un lieutenant, qui avait servi avec lui dans la soixante-huitième demi-brigade, se brûla la cervelle. Ses funérailles ressemblèrent à celles d'Othon.

Peu de temps après le régiment fut licencié, et cette mesure n'avait rien de remarquable. Les succès de la France avaient amené la paix, et la paix rendait inutiles les régimens supplémentaires. La réforme qui portait sur celui-ci n'atteignit d'ailleurs qu'une poignée d'hommes échappés à la journée de Wagram, et au très-petit nombre d'événemens militaires qui en furent la suite ou pour mieux dire le complément. La mort d'Oudet avait jeté sur ses drapeaux un esprit de vertige et de désespoir qui emporta en peu de jours ses camarades et ses soldats, et qui en laissa quelques-uns à peine pour conserver la tradition de ses derniers exploits et la douleur ineffaçable de sa perte.

Ainsi périt à la fleur de l'âge (il avait à peine trente-quatre ans) l'homme le mieux organisé que la nature ait produit peut-être dans les temps modernes ; et comme si de grandes leçons devaient résulter partout des grands exemples et des faits mémorables de l'histoire, le nom de cet homme n'est disputé à l'oubli que pour y retomber bientôt avec l'écrit obscur que je consacre à sa mémoire, mais auquel mon faible talent ne peut pas donner l'immortalité. Il est donc vrai que le seul espoir qui ait jamais flatté sa grande âme, celui d'une gloire légitime et pure, ne sera point exaucé par l'avenir, et qu'Oudet ne survivra pas même dans sa renommée à cette génération qui s'écoule, à cette génération pour le bonheur de laquelle il a vécu, qui lui a coûté tant de veilles et d'angoisses, tant de périls et tant de sang. S'il n'eût voulu être que le plus élégant des écrivains, que le plus parfait des orateurs, que le plus aimable et le plus honoré des braves, aucune puissance ne pouvait l'empêcher d'accomplir ses desseins et de remplir sa destinée ; mais plus ses vues ont été profondes et plus sa destinée a paru immense, plus la Providence contraire, qui se ménageait d'autres moyens et d'autres voies, s'est opposée au développement des facultés merveilleuses qu'elle lui avait données. Sa main de fer, qui brise le cèdre comme le roseau, l'a rompu dans sa force, et n'a rien laissé de lui. Le Jura qui l'a produit le connaît à peine, et ne sait pas quel homme est né sur le sommet de ces montagnes, qui se glorifient de Pichegru et de Mallet : car Moreau seul manque à leur gloire dans l'histoire que j'écris. Oudet ne leur cédait rien cependant en vertu, en courage, en désintéressement ; il l'emportait peut-être sur l'un et l'autre en sage activité, en prudence résolue, et dans cet art difficile des conspirations, qui consiste à ne jamais hasarder l'exécution d'une entreprise avant sa maturité. Il les surpassait surtout par cette souplesse de formes, par cette mobilité de moyens, par cette variété inépuisable de ressources qui fait concourir toutes les opinions, toutes les passions, tous les sentimens au succès du génie habile qui sait les séduire et les maîtriser. La puissance de ses conceptions n'était pas toute entière dans ses conceptions elles-mêmes : elle était dans chacun des ressorts qui en dépendaient et se communiquait simultanément aux parties les plus éloignées de son système. Sa volonté ne se faisait jamais sentir, et nulle volonté cependant ne fut jamais plus absolue. Quoique doué d'une énergie morale aussi imposante que celle de *Marius*, à qui je l'ai une fois comparé, parce qu'on peut le comparer à tous les héros dans ce qu'ils ont de parfait, il n'aurait pas eu besoin d'employer sur un soldat cimbre l'empire de la terreur. Le Cimbre le plus farouche serait tombé à ses pieds, et si ce Cimbre avait eu un cœur, il serait tombé dens ses bras. Il y avait dans la physionomie d'Oudet une force irrésistible et inexplicable, mais qui tenait de l'enchantement. Il y avait une espèce de fascination dans le son de sa voix ; il y en avait une autre dans son regard ; et cela est si vrai, sans figure, sans hyperbole, qu'Oudet, qui exerçait souvent en se jouant cette faculté sur les animaux les plus féroces, s'en faisait un secret plaisir, que j'aurais pu compter au nombre de ses faiblesses. Il ne savait pas qu'il y a de certains hommes plus difficiles à apprivoiser que les tigres.

J'ai entendu raconter que Pichegru, consulté, au nom du Roi, sur le prix qu'il serait le plus jaloux de voir accorder à ses services, avait suggéré ou laissé concevoir l'idée de faire passer son nom à sa ville natale. Cette pensée est touchante, et n'a rien qui passe les bornes d'une ambition vertueuse et mesurée ; mais il paraît que la patrie de Pichegru n'a pas osé apprécier la haute distinction qu'on lui destinait. Elle ne l'a pas même réclamée depuis la restauration.

Quant à toi, modeste Ménale, dont le nom antique réveille des pensers pleins de charme et de poésie, je ne doute pas que tu ne l'abjurasses volontiers pour celui du

héros que tu as nourri, et qui te gardait
une affection si fidèle. Tu as perdu ses cen-
dres, livrées, par les hasards de la guerre,
à une terre lointaine : mais tu conserves
avec respect ce qu'il y a de plus attendris-
sant dans les souvenirs qu'il a laissés. Tu
as à peine recueilli quelque bruit de ses
hauts faits ; mais tu l'as connu dans sa solitude, tu l'as possédé dans son exil, tu l'as
vu consoler la vieillesse de sa mère, et porter le tribut d'une compassion fraternelle
dans la chaumière des pauvres ! Toi seul,
Ménale, tu n'as pas oublié Oudet, et quand
l'ingratitude des hommes aura laissé tomber
son nom dans l'oubli éternel, j'irai le pleurer avec toi, et lui élever, sous quelqu'un
de tes rochers, un monument que le monde
ne connaîtra point.

Je n'ai pas dit et je n'ai pas cru avoir besoin de dire que la plupart des derniers
momens d'Oudet avaient été consacrés à
Philadelphie. Cette grande institution était

son ouvrage ; elle avait été long-temps.son espoir, et c'était sur elle que semblait reposer désormais tout celui de la patrie. Oudet dut sentir avec une profonde amertume qu'il en emportait le deuil, que les victoires mêmes auxquelles il venait de contribuer, ne seraient pas inutiles à l'affermissement du despotisme, et que la stupeur de l'Europe consternée allait s'augmenter tous les jours des nouveaux triomphes de son insolent ennemi. Je ne sais cependant pas jusqu'à quel point il put prévoir les résultats inévitables, mais encore trop éloignés de l'ambition aveugle de Bonaparte, et du système monstrueux dont ce conquérant jetait les bases, mais je ne crois pas que ce système se soit dérobé tout-à-fait à la perspicacité ordinaire de son génie, qui parut encore augmentée par les approches de la mort, à ce qu'ont rapporté ceux de ses camarades qui en furent les témoins, et qui lui ont survécu. J'aime à croire même

que cette perspective adoucit du moins les
douleurs de son heure dernière, et qu'il
jouit en espérance du succès tardif de la
justice et de la chute assurée de la tyrannie.
Peut-être pensa-t-il que certains de ses amis
et de ses frères goûteraient un jour les fruits
de cette régénération désirée, après l'avoir
amenée par de longs efforts, et payée par
d'inappréciables sacrifices. Peut-être un
songe heureux les lui montra dans l'avenir,
associant sa noble mémoire à la gloire de
ses institutions et au bonheur de ses enfans.
Il ne devina pas, dans la prévision profonde,
mais douce, dont son âme semblait saisie,
les pénibles secrets que près de cinq ans de
calamités renfermaient encore pour le malheur du monde ; l'élite de ses compagnons
d'armes, moissonnés par la guerre ou tra-
his par les élémens dans les déserts de la
Russie ; l'Espagne jonchée des victimes
d'une guerre injuste ; la France livrée à
une invasion qui menace son existence jus-

qu'au sein de sa capitale ; *Fabius* mutilé sur le champ de bataille par un boulet de nos batteries, et mourant sous la tente de l'étranger ; *Léonidas* et *Thrasybule* égorgés aux portes de Paris, qu'ils avaient voulu affranchir ; et le dernier, le plus obscur des *Philadelphes*, privé de la joie d'assister à leur triomphe, et même de la douloureuse consolation de reconnaître leurs tombeaux.

C'est ici que devrait finir ce récit, puisque je ne l'ai réellement entrepris que pour payer à la mémoire du colonel Oudet un tribut légitime d'admiration, et surtout d'amitié. Mais je ne l'aurais pas fait connaître assez si je ne montrais l'influence qu'il a exercée long-temps encore après lui sur les événemens et sur les hommes. Cette intention est la seule qui m'ait animé à écrire, et si quelques autres s'y sont réunies depuis, c'est qu'elles m'ont été inspirées par le sujet même, sans que j'aie pu les prévoir. J'éprouvais un charme que l'en-

thousiasme seul doit comprendre , à raconter des faits illustres qui honorent le
plus cher de mes amis , et que l'histoire
n'aurait jamais appris sans moi. Unis dès
l'enfance , par cette communauté d'état,
d'études et de vocations qui détermine les
rapports les plus doux , les plus longs et les
plus mémorables de la vie , nous nous re-
trouvâmes partout , dans le tumulte des
plaisirs du monde, dans le fracas des ba-
tailles et dans les hasards plus dangereux
des conspirations. Il est resté depuis sa mort
ma première pensée , et si la gloire de
Bonaparte, cette gloire d'action dénuée de
sentimens, d'affections, de génie peut-être,
(et qu'est le génie sans vertu!) m'a jamais
offusqué de rayons importuns, c'est surtout, je ne le dissimule point, parce que
son éclat factice a obscurci, a éteint celui
d'Oudet, dont l'âme supérieure planait de
si haut sur la sienne. Mais dans la succes-
sion infinie des temps, toutes les choses du

monde reprennent régulièrement leur place à une époque donnée. Le tyran déchu tombe dans l'avenir avec ses haillons de pourpre et d'or, sans laisser un simple monument d'amour sur la terre ; et un cercueil enterré entre deux sillons des champs d'Ebersdorf, dans un trou creusé à la pointe du sabre, excite les regrets des rois, et attire les regards de la postérité.

CHAPITRE XI.

Etat de la France depuis la mort d'Oudet jusqu'à la seconde conspiration de Mallet. — Seconde conspiration de Mallet.

———

Les victoires multipliées de Bonaparte lui avaient donné dans l'Europe l'ascendant de la force, et personne ne pouvait le lui contester ; mais il lui manquait un prestige indispensable aux rois, cette illustration du sang qui est plus puissante sur l'imagination des hommes que celle de la renommée. Accoutumé à ne se défier de rien, il osa prétendre, contre toutes les apparences, à une alliance dont la pensée seule étonnera l'histoire, et il y parvint sans difficulté. Son bonheur invariable sembla braver la fortune, ou plutôt sa volonté, toujours servie par les événemens, sembla tenir la place de la destinée elle-même, et disposer librement du sort de la France et du monde, tant la providence se plaisait à élever sa chute pour la rendre plus mémorable. L'immensité de son pouvoir démesuré, qui pourtant ne cessait pas de s'accroître encore, fatigua jusqu'à la longue patience de ses ennemis. Les partis de l'intérieur s'humilièrent peu à peu devant lui comme les souverains; les résolutions les plus énergiques et les plus éprouvées fléchirent sans honte sous un poids que l'univers ne portait qu'à peine, et toutes les haines s'évanouirent, excepté la haine immortelle de la vertu qui ne sait jamais transiger avec les crimes heureux, qui s'irrite au contraire et s'affermit en raison de leur prospérité. *Philadelphie*, inquiète sans être tout-à-fait abattue, reconnut l'impuissance momentanée de ses armes ; mais elle ne les brisa point devant le colosse, parce qu'elle s'aperçut facilement qu'il avait des pieds d'argile, et qu'il ne faudrait bientôt qu'un effort pour le renverser.

Au reste, je ne le dissimulerai point, la Société avait une grande partie de son existence morale dans la pensée d'Oudet qui l'avait conçue et qui l'animait de son génie. A la mort d'Oudet, cette âme puissante qui la faisait vivre, se retira d'elle, et ne jeta plus que de rares lueurs dans les dernières entreprises de ses chefs. Ce sont des *Philadelphes* encore qui essaient la destruction du gouvernement de Bonaparte, ou qui la consomment, et cependant *Philadelphie*, réduite à l'ombre de son ancienne grandeur, ne participe désormais à ces tentatives généreuses que par ses espérances ou par ses vœux. L'expérience de trop

d'adversités a usé son courage et son dévouement, car le dévouement le plus pur
a besoin de voir briller quelquefois un
faible rayon de bonheur qui le console ;
et les vertus sans avenir passent les forces
communes. Tous les hommes sincèrement
attachés à sa gloire qu'elle a comptés jusqu'ici ont durement expié leurs services ;
les uns languissent dans l'exil sur une terre
lointaine, et séparés par l'éternité peut-
être de tous les objets de leurs affections ;
les autres ont trouvé la mort sur les écha-
fauds, ou l'ont cherchée dans les combats ;
et à peine cependant elle a pu connaître
par le bruit passager de leur proscription
le nom des héros qui se sont dévoués pour
elle ; leurs infortunes se succèdent si rapidement qu'elles ne laissent guère plus de
traces dans ses annales que dans celles de
la grande Société des hommes dont elle a
si courageusement embrassé les intérêts.
Elle s'étonne enfin de compter déjà tant

de martyrs et d'en léguer si peu à l'histoire.

J'ai eu souvent l'occasion, en suivant le
simple exposé des faits, de faire pressentir
une autre raison de l'inertie de la Société,
dans la supposition de la mort d'Oudet.
C'est que la combinaison matérielle de l'institution était réglée sur lui, et qu'il possédait seul le secret merveilleux de sa hiérarchie. Jamais cette distribution n'avait
été ni établie dans une assemblée spéciale,
ni consacrée dans des constitutions écrites.
Les règlemens particuliers étaient disséminés dans autant de Sociétés particulières
dont il était le centre ou le pivot, et qu'il
pouvait à son gré ramener à lui par autant
de fils qui n'aboutissaient qu'à lui. Cette organisation est telle que la concession de la
Censure ne paraît qu'un hommage illusoire,
et ne donna la Société à Moreau, avec toutes
ses dépendances, qu'autant que son prédé-
cesseur le voulait bien. Oudet s'était donc

identifié à son système, de manière à s'y rendre indispensable; secret très-rare en politique, mais qu'il possédait mieux que personne, et dont on n'a jamais trouvé mauvais qu'il usât, parce que son caractère prêtait du charme au despotime. Dans beaucoup d'assemblées, la nouvelle de la mort d'Oudet fut l'équivalent d'un décret de dissolution. On se quitta les larmes aux yeux, et on ne s'assembla depuis que pour pleurer.

A cette époque se termine sensiblement, je le répète, l'existence politique des *Philadelphes*. Cette conspiration temporaire que la volonté d'un homme avait organisée, que son activité avait maintenue, que son courage opiniâtre avait fait triompher de tous les obstacles, s'évanouit avec sa vie et le suivit dans le tombeau; mais la commotion avait été trop universelle et trop terrible pour ne pas se prolonger quelque temps, comme la rumeur d'un volcan qui s'apaise. La dernière conspiration de Mallet est aussi le dernier symptôme de cette éruption terrible qui s'est calmée tout à coup quand les principes qui la nourrissaient s'épuisèrent pour ne se renouveler jamais.

La Société avait passé sous la *Censure* de Mallet comme un peuple conquis sous la domination d'une loi étrangère. Le joug qu'elle n'avait jamais senti lui aurait bientôt pesé, si elle n'eût pas trouvé plus facile de s'en affranchir, ou plutôt de le déposer d'un consentement presque unanime. Cette abnégation qui aurait été un crime irrémissible, quelques jours auparavant, ne paraissait qu'une suite naturelle de l'état des choses depuis la mort du chef, et il ne faut que se rappeler ce que j'ai dit jusqu'ici des rapports respectifs de ce chef et de la Société, pour comprendre le sentiment qui s'empara de la plupart des esprits. La *Censure* de Moreau avait été si courte, que la réflexion eut à peine le temps de s'y arrêter , et la volonté d'Oudet vivant la consacrait d'ailleurs d'une manière si solennelle , qu'on put croire qu'on lui obéissait toujours en obéissant au grand homme qu'il investissait de ses pouvoirs. Le nom de Moreau ajoutait à ce prestige , et l'institution, forte encore de jeunesse et d'espérance, jouissait d'une énergie propre que l'âge et le malheur font perdre aux institutions comme aux hommes. Cependant, la transmission de la *Censure* entre les mains du premier de nos capitaines et du plus irréprochable de nos citoyens, excita quelque impatience et quelques rumeurs. Quand Oudet n'exista plus , cette impatience se changea en dégoût , ces rumeurs en tempête , et la Société, brisée dans toutes ses parties, s'écroula sur elle - même comme une voûte immense dont la clef est tombée. La plupart des *Philadelphes* voyaient leur Société, s'il est permis de faire une telle comparaison, avec l'ascétisme de *Malle-branche*; c'est en Oudet seul qu'elle résidait pour eux, et du moment que leurs liens ne se rattachèrent plus à lui, ils les secouèrent sans scrupule. Leurs rapports se réduisirent dès lors à cette confraternité d'amitié et d'opinion qui avait fondé l'Ordre, dans ses premières constitutions, et qui doit le maintenir à jamais sous ce point de vue entre ceux qui l'ont composé, aujourd'hui que les grands intérêts de la politique ont cessé, mais que les affections douces n'ont fait qu'augmenter de liberté et de tendresse. Si la postérité s'informe d'eux un jour, et que les *Philadelphes* se perpétuent long-temps dans nos institutions avec la protection qu'ils ont si bien méritée, ils ne seront pas embarrassés du moins à justifier de leur origine, comme toutes les autres corporations mystérieuses dont l'histoire m'est parvenue. Ils prouveront aisément qu'établis dans une circons-

tance unique pour la délivrance de la patrie, et après y voir contribué de toutes
leurs forces et de tous leurs sacrifices, au
prix de leur existence civile, de leur avancement, de leur réputation, de leur fortune, de leur vie, ils se renfermèrent de
plein gré dans les simples pratiques des
Sociétés ordinaires, quand il leur fut démontré que leur long dévouement devenait inutile au but qu'ils s'étaient prescrit.
Il sort même de cette consideration une remarque aussi utile que curieuse, et qui
s'est dérobée, à ce que je crois, à tous les
historiens des Sociétés secrètes : c'est qu'il
n'y en a peut-être pas qui n'ait eu une
conspiration pour principe dans certaines
hypothèses extraordinaires de l'état social,
et qui ne se soit tournée à l'avantage de la
Société générale, quand celle-ci s'est ré-
tablie sur ses bases naturelles. Il est de la
nature des hommes réunis, comme de tous
les élémens possibles, de tendre suivant

léur organisation et leurs facultés vers un système commun, et la politique a tout aussi bien que la physique son attraction et son centre de gravité sur lequel la civilisation revient tôt ou tard.

Le chef des *Philadelphes*, ou, pour s'exprimer plus justement, ceux qui crurent devoir rester en état de conspiration ouverte, quand les *Philadelphes* commençaient à douter qu'une conspiration de l'intérieur pût renverser une domination que l'Europe avait reconnue ; et quand cette domination scandaleuse était si bien affermie qu'un ennemi de Bonaparte se trouvait proscrit partout ; ces chefs, généreusement obstinés, qui avaient juré de sauver l'État en dépit de lui-même, ne se laissèrent point gagner cependant par la langueur générale. Ils se dévouèrent à la France par une nouvelle entreprise qui promit un moment de la sauver.

L'ambition de Bonaparte s'était révélée

au monde entier, et plus elle était imposante par ses moyens, plus elle était haïs-
sable par ses résultats : la cause de la France
opprimée était devenue celle de l'Europe
opprimée, et tous les pays, impatiens du
joug commun, ne devaient plus faire qu'une
nation pour le briser. Bonaparte étendait
chaque jour son empire immense, mais il
ne le faisait point sans multiplier ses ennemis. La ligue des Français avec l'étranger
n'était plus un crime dans cette circonstance imprévue et peut-être unique ; ou
pour mieux dire, il n'y avait plus d'étrangers pour un cœur vraiment français que
les esclaves de la tyrannie qui auraient pu
s'obstiner à la maintenir, contre la volonté
et pour le malheur de tous. Une guerre
sans prétexte, qui n'avait pas plus l'approbation de la France qu'elle n'aura celle de
l'histoire, allait cependant renouveler les
calamités de l'Europe, et porter la déso-
lation dans des pays où notre nom était à

péine connu ; mais cet événement faisait naître des espérances mieux fondées que toutes celles qui nous avaient bercés jusqu'alors. Il prouvait que cette manie insatiable dont Bonaparte était dévoré, toujours habile à se créer de nouveaux obstacles, toujours prête à se placer dans de nouveaux périls, tendait à délivrer d'elle-même les peuples qu'il opprimait du lourd fardeau de sa fortune. Cette chance qui se renouvelait à chacune de ses entreprises, devait nécessairement le faire échouer dans la plus maladroite, dans la plus hasardeuse de toutes, et on ne le vit pas s'enfoncer dans les déserts de la Moscovie, au commencement de la saison la plus rigoureuse, sans deviner que la Providence le poussait à l'écueil où il ne pouvait manquer de périr. Smolensk et la Moskowa proclamaient encore ses succès, que sa chute ne laissait plus d'incertitudes ; pressentiment malheureusement mêlé d'une idée affreuse, trop complétement réalisée, c'est que ce dernier acte du délire inconcevable d'un ambitieux coûterait le plus pur sang de la patrie déjà épuisée par tant de victoires et appauvrie par tant de conquêtes.

On n'épargna rien pour s'assurer des dispositions des souverains dont Bonaparte voulait ébranler la puissance. Il en était un qui se recommandait dès lors à l'admiration de l'Europe par la modération de son caractère et par l'étendue de ses lumières : cet Alexandre du Nord, dont nous avons reconnu de si près les magnanimes vertus, qu'il est du devoir indispensable d'un Français de les avouer ; et l'on ne doutait point qu'il ne répondît à l'attente de la nation, si l'on pouvait le mettre en rapport avec elle, par l'intermédiaire de ses citoyens les plus purs, de ceux qui avaient le droit de se charger de toute sa responsabilité sans en être démentis, des représentans naturels de la France esclave. Le hasard avait fait l'un prince, et l'autre proscrit : il les avait jetés sur deux hémisphères et privés de toute communication apparente , au point que Bonaparte n'en soupçonnait pas même la possibilité. C'était Bernadotte et Moreau. Il fallait donc établir entre Bernadotte et Moreau , et de ces deux grands capitaines à cet Alexandre, qui était si digne de les entendre, une voie facile de communication que le malheureux Lahory était chargé de tracer. C'est à lui que la mission de la Société pour Moreau avait été remise, et c'était pour l'accomplir qu'il vint tendre ses mains aux fers, avec un dévouement encore sans exemple, et demander la commutation de l'exil indéfini qu'il subissait depuis neuf ans contre un bannissement déterminé dans les Etats-Unis, sous l'aveu du Gouvernement, qui n'y pouvait pas voir un grand inconvénient. Soit que Lahory achevât ces relations et les amenât à leur dernier terme, soit qu'il en eût encore l'initiative, ce que l'histoire aura sans doute beaucoup de peine à expliquer, les moyens pris pour en assurer l'accomplissement avaient si heureusement pourvu à tous les hasards, que la mort même de Lahory ne le retarda point. Un émissaire qui n'était pas plus recommandable par son courage, mais que sa fortune servit mieux, conduisit à sa fin l'entreprise commencée, et ses lettres de créance furent scellées du sang glorieux des martyrs du 23 octobre. Quant à Lahory lui-même, entraîné par une circonstance bien imprévue dans la conspiration toute fortuite de Mallet, qui le détourna, au moment où il était près de se rendre à sa destination, du plan particulier auquel l'ordre de la Société l'avait dévoué ; quant à Lahory, disais-je, qui connaissait tous les moyens de destruction dont le Gouvernement de Bonaparte était menacé, il put mourir sans désespérer de la patrie, et adresser au ciel les derniers mots de Gracchus. « Je jette vers vous cette poussière, « et de cette poussière, il me naîtra bientôt « des vengeurs. »

La conspiration européenne qui reposait sur l'alliance merveilleuse de deux généraux républicains, dont l'un *banni* et l'autre *roi*, comme je viens de le dire, étaient séparés par tout le diamètre du globe, est le fait le plus étonnant de l'histoire, mais c'est le plus incontestable, et les résultats possibles n'en sauraient être appréciés.

Moreau arrivait d'Amérique, environné de tout l'éclat de sa gloire et de tout celui de ses malheurs. Il venait se rejoindre au plus cher de ses compagnons d'armes, à ce Bernadotte qui ne s'est séparé de nous que par le pouvoir, mais auquel les royalistes ne reprochent pas d'avoir été républicain, et auquel les républicains ont pardonné d'être prince. Alexandre concourait à leurs desseins, parce que les fureurs d'un insensé n'aliénaient point son noble cœur à une nation généreuse et sensible. Cent mille Français, ou prisonniers, ou exilés, ou fugitifs, se ralliaient sous les drapeaux de leurs anciens chefs pour venir reconquérir la terre natale sur l'ennemi commun. Protégés par l'Europe, appelés par l'opinion, et accueillis par l'armée dont ils étaient les enfans, ils arrivaient à nos frontières sous des étendards libérateurs, sous des uniformes français, les mains pleines de lys, proclamant notre Roi bien-aimé, et le présentant sur leur pavois comme aux premiers âges de la monarchie, à ce peuple impatient de le revoir. L'honneur de nos remparts et de nos foyers était respecté, et la France invaincue restait aussi invincible. Sa fortune ne laissait pas plus de doute que sa gloire.

Qu'arrive-t-il ? Une glace placée par hasard derrière Mallet, laisse apercevoir le pistolet dont il va s'armer. Un boulet, jeté sans dessein sur un groupe d'officiers, fracasse les jambes de Moreau. Mallet est saisi, Moreau meurt ; un tribunal légalise la condamnation du premier, un *Te Deum* couvre l'agonie de l'autre, et la France est envahie. Si la Providence a imprimé sa main quelque part d'une manière incontestable, c'est dans ces derniers momens de nos malheurs politiques.

On doit convenir ici d'un fait, qu'il faudra éclaircir plus tard, dans une histoire complète et spéciale de Mallet, c'est que le désir d'accomplir sa mission par lui-même, ou par des moyens qui lui étaient propres et qui ne devaient rien aux autres ; l'impatience du malheur, qui ne peut plus supporter sa chaîne, et peut-être celle du courage qui ne calcule jamais le danger ; des motifs enfin qu'on ne devine point, mais qui étaient nécessairement nobles, ont hâté sa résolution d'une manière funeste pour la France et pour lui. Ce n'est pas lui qui a manqué aux événemens, ce sont les événemens qui lui ont manqué. Vingt jours plus tard, il sauvait la patrie et la gloire de la patrie. Cette petite considération prouve peu de chose contre sa prudence et rien contre sa vertu. La postérité le citera à côté d'Harmodius et d'Aristogiton, qui ne furent pas plus heureux dans leur tentative, et dont la Grèce a long-temps chanté les louanges à la fête des Panathénées.

Je n'ai eu ni l'intention ni le pouvoir de donner ici de grands détails sur la conspiration et sur la procédure de Mallet, dont on a beaucoup parlé et beaucoup écrit depuis la restauration. Je ne me suis cru obligé à la considérer que sous ses rapports avec la Société, dont Mallet était chef depuis la mort d'Oudet, presque à l'insu de cette Société elle-même; et les liens par lesquels elle s'y rattache sont si rares ou si légers en apparence, que l'histoire les discernera difficilement, quoiqu'elle ne puisse guère expliquer la conspiration sans eux. Indépendamment des grands faits que j'ai réunis jusqu'ici, cette procédure même en offrit toutefois de très-remarquables et qu'on a négligé de recueillir par une très-bonne raison, c'est que le secret en était tout-à-fait inconnu. Les premiers biographes de Mallet ont observé, par exemple, que, par une rencontre fort singulière, le mot d'ordre du jour de la conspiration, était *conspiration*, et le mot de ralliement *révolution*. Ce hasard serait réellement extraordinaire, si les intelligences de Mallet, avec une partie très-active de la force armée de Paris, n'en rendaient pas raison aux esprits les plus difficiles à convaincre. Il fut prouvé dans les débats, que Mallet s'était fait reconnaître à certains officiers de la cohorte, par des mots de convention, dont ces braves gens refusèrent obstinément l'explication au conseil. L'un d'eux affecta, avec beaucoup d'art, une aliénation complète qui le dispensa de répondre aux moindres questions. Deux autres, sur lesquels on avait surpris des signes, déjà connus de la police pour appartenir à une Société secrète et redoutable, eurent la promesse de leur grâce, dans le cas où ils voudraient en révéler le mystère. On retarda l'exécution de quelques heures ; on se servit de tous les moyens de séduction, qui pouvaient être mis en usage envers des hommes que l'intérêt de leur vie ne touchait point : on leur fit espérer l'avancement, la fortune, le bonheur : ils allèrent mourir à la plaine de Grenelle, et commandèrent l'exécution.

Suivant les lois de l'institution, quelques hommes, pénétrés de tristesse, accompagnèrent le convoi funèbre de leurs frères dévoués à la mort. Ils les suivaient de loin, d'un regard qui exprimait leur douleur et leur impuissance. Mallet crut les reconnaître à un geste, à un mouvement, peut-être même à l'abattement de leur physionomie, au désordre de leurs traits : « Jeu-« nes gens, » leur dit-il « souvenez-vous « du vingt-trois octobre ! »

Oui, Mallet, tes amis se souviennent du vingt-trois octobre! Ton Roi, dont tu honorais déjà le caractère, mais dont tu n'as pu connaître toute la divine bonté, s'est souvenu du vingt-trois octobre : il protége ta femme et ton fils. Les siècles à venir se souviendront du vingt-trois octobre, et ce jour sera consacré sous n nom, dans la mémoire de tous les citoyens généreux.

« Le vingt-trois octobre, diront-ils, est

« l'anniversaire de la conjuration la plus
« hardie, la mieux conçue, et la plus ver-
« tueuse à la fois, et cette grande pensée
« appartenait aux *Philadelphes* et à Mal-
« let. «

CONCLUSION.

Quand j'ai cherché à donner une idée préliminaire de la conspiration des *Philadelphes*, et à caractériser les services de cette Société au commencement de mon ouvrage, j'ai dû trouver l'esprit du lecteur peu disposé à recevoir les impressions que je voulais lui communiquer. L'existence de la Société même était pour lui une chose presque nouvelle, et il n'avait pas vu sortir de cette première donnée, par des explications extrèmement simples et toujours appuyées de l'autorité des faits, toutes les circonstances de cet épisode, que je ne crois pas juger avec trop de prévention en le regardant comme un des plus intéressants de notre histoire. Maintenant, je suis autorisé du moins à revenir sur les mêmes faits d'une manière plus positive, parce que l'enchaînement sensible des preuves morales dont je les ai soutenus, équivaut à l'information la plus authentique. Il était de la nature des choses que je racontais de ne pas se soumettre à une forme de démonstration bien exacte, soit parce qu'elles avaient été enveloppées, pendant quinze ans, d'un mystère indispensable, soit parce qu'il restait en elles, pour l'homme le mieux instruit, des parties qui ne pouvaient jamais se révéler sans une espèce d'infidélité, dont je suis incapable, à l'égard même d'une Société détruite par l'intention et par le fait, qui ne m'aurait pas muni de pouvoirs exprès.

Il n'est pas question toutefois de recommander cette Société à la reconnaissance immédiate et contemporaine, mais de la nommer à l'histoire et d'en offrir l'exemple à la postérité. Elle n'a fait que remplir, dans toute sa carrière, le but d'intérêt public qu'elle s'était prescrit dans son institution : dévouée au bonheur des hommes, à la délivrance de la patrie, et, par une conséquence naturelle, au seul système politique qui puisse en assurer le repos, elle est heureuse de triompher de ses desseins, mais elle ne cherche pas le prix de ses efforts. La plupart de ses chefs sont morts, les autres demeurent ignorés ; et ces derniers paraissent bien décidés à ne pas appeler sur leurs noms une publicité, dont l'imposture a souvent usurpé les honneurs : ils aiment mieux le vague romanesque qui les enveloppe, et qui charma autrefois leur imagination, quand un besoin incalculable d'activité détermina leurs premiers rapports, leurs premières entreprises et leurs premiers sacrifices. C'est sous ce point de vue seulement, le seul sous lequel ils puissent être considérés par le plus grand nom-

16

bre des lecteurs, que je jette un dernier regard vers eux, avant d'abandonner leurs vertus et leurs services à l'oubli, qui dévore tôt ou tard les services et les vertus qui manquent du prestige du pouvoir, ou de celui de la fortune.

Les *Philadelphes* ne furent, à proprement parler, ni des royalistes ni des républicains. Ce sont de bons et nobles Français, qui étaient nés pour la plupart sur un vaisseau battu des tempêtes, et qui contribuèrent à le mener au port, sans connaître la carte du pays nouveau pour eux où ils allaient aborder, et où ils respirent enfin sous les auspices du meilleur des princes. Trop jeunes pour avoir vu avant sa proscription la famille de leurs Rois, ils ont aimé cette famille dans son exil, ils l'ont pendant long-temps rappelée de leurs vœux, ils l'entourent de leur fidélité. Toutes les idées du cœur, toutes les idées touchantes et nobles se réunissent en elles pour

quiconque a reçu du ciel une âme généreuse et tendre, et un jugement droit.
Qu'est-ce donc pour la Société des *Philadelphes* à qui elle garantit la liberté qui
était leur espérance, à qui elle promet la
félicité publique, qu'un gouvernement paternel doit assurer, à qui elle retrace tant
de souvenirs de malheur, et par conséquent
tant d'objets d'amour, et, j'ose le dire, de
culte ? Les affections qui lient une âme sensible à la cause de l'adversité, deviennent
une religion !

Les *Philadelphes*, sortis d'une source
ignorée, ont couvert le globe, et ils n'y ont
jamais été connus par une action équivoque.
Ils ont conspiré contre l'ennemi des hommes,
et ils ont respecté jusqu'à sa vie !

Ils ont donné le premier exemple d'une
conspiration continuée très-long-temps, qui
a compté une foule de martyrs sans compter
de traîtres, et qui a survécu à tous ceux de
ses membres qui pouvaient se sauver en la

sacrifiant. Aujourd'hui même, que ses formules anciennes ne sont que le talisman d'une féérie détruite, elle les garderait encore avec un scrupule religieux, parce qu'elle s'est fait une habitude inviolable de les aimer pour les idées qu'elles représentent.

Elle est illustre par ses enfans, ou soldats ou citoyens ; elle s'honore des plus hautes vertus militaires, du courage civil le plus dévoué. Moreau, Mallet, Oudet, Lahory lui appartiennent. Pichegru devait lui appartenir trois jours plus tard.

Des *Philadelphes* qui nous sont connus par approximation, quatre ou cinq mille ont péri glorieusement sur les champs de bataille, un grand nombre dans la misère et dans la proscription ; dix ou douze se sont suicidés, ou parce qu'ils étaient parvenus aux dernières extrémités du malheur, ou parce que leur dévouement était essentiel à la conservation de l'ordre; cent vingt, au moins, ont monté à l'échafaud.

Quant à moi, champion inconnu et sans gloire, quoique souvent blessé dans la mêlée, je leur ai survécu comme cet *Othriadas*, qui resta le dernier du combat des Spartiates contre les Messéniens, et qui, avant d'expirer, se trouva la force d'ériger un monument à ses frères, et d'y tracer la fameuse inscription de Simonide : *Passant! va dire à Lacedémone que nous sommes morts pour ses saintes lois!*

PIÈCES HISTORIQUES

ET

NOTES EXPLICATIVES.

NOTE PREMIÈRE.

« *Mes sermens ne m'ont point attaché*
« *d'une manière si stricte que je ne puisse*
« *nommer un corps respectable, qui tient*
« *des assemblées connues dans différens*
« *lieux du monde, sans y dissimuler son*
« *existence.* » Pag. 11.

Il y a des assemblées de *Philadelphes* à
Boston et à Philadelphie. Elles sont presque
entièrement composées de Français, et on

ne s'y occupe que des idées fondamentales de l'ancienne institution, la philantropie et l'amitié. Moreau passe pour en avoir fondé une dans cette dernière ville.

Des officiers, prisonniers de guerre, en ont formé d'autres en Angleterre et en Russie.

Il y a trois sociétés Italiennes qui portent publiquement le nom de *Filadelfi*, dont l'une, celle de Parme, est rentrée depuis long-temps sous le régime maçonnique.

Dans certaines villes, les *Philadelphes* ne se sont jamais dissimulés, mais cette partie ostensible de l'institution n'en a pas suivi le mouvement.

NOTE SECONDE.

« *Je ne crois pas qu'une autre société,*
« *quand il en eût existé alors, et telle*
« *qu'on la suppose, eût pu étre plus pro-*
« *pre aux vues d'Oudet, que celle qui lui*
« *ouvrait son sein.* » Pag. 28.

Les Sociétés secrètes, antérieures à celle
des *Philadelphes*, étaient composées d'élémens trop divers, qu'on ne pouvait ramener à un système commun. Il faut être tout-
à-fait étranger à la maçonnerie, pour penser, comme M. l'abbé Barruel et quelques
autres rêveurs, qu'elle ait jamais influé le
moins du monde sur une grande révolution
politique ; et la police de Bonaparte connaissait trop bien la nullité de ce corps immense, mais impuissant et frivole, pour se
défier de la vaine importance qu'il attache à
ses mystères. Elle avait pourvu, d'ailleurs,

à l'apparence même des inconvéniens, en inondant toutes les loges de ses plus bas agens, qui ne manquaient pas d'y parvenir rapidement aux grades éminens, et de saisir, du premier abord, le fil des petites intrigues qui s'y machinaient. On sait au reste, à n'en pas douter, qu'il ne s'y est jamais formé une intrigue qui eût le gouvernement pour objet. La Maçonnerie n'existe depuis long-temps que par deux mobiles qui finissent par s'introduire dans toutes les sociétés particulières, comme dans la société générale des hommes, et qui en produisent tôt ou tard la dissolution, c'est-à-dire, l'ambition et la cupidité. La première de ces passions est si facile à abuser, qu'il ne faut pas s'étonner que la Maçonnerie soit parvenue à l'exciter par des honneurs qui n'exciteraient guère que la pitié d'un homme de sens. C'est une vanité bien incompréhensible, à la vérité, que celle qui se nourrit de l'encens des cérémonies maçonniques, et qui se pare fièrement de cordons bigarrés qu'elle doit abandonner à la porte. Mais quel appât fut jamais trop grossier pour la vanité! Quant à la cupidité, les administrateurs du Grand-Orient savent très-bien qu'elle se repaît chez eux d'alimens plus substantiels. Cet auguste sénat de la Maçonnerie est devenu une agence d'affaires, qui spécule moins sur l'accroissement de l'Ordre par esprit de propagande, que dans la secrète intention d'augmenter ses immenses revenus. Mais l'or qui s'y accumule pour aller grossir de là quelques fortunes particulières, ne deviendra jamais, dans les mains habiles qui l'attirent de tous les points de l'empire maçonnique, un instrument de troubles et de révolutions. Rien ne convient mieux au système actuel et connu du Grand-Orient, que le gouvernement, quel qu'il soit d'ailleurs, qui daigne assurer la liberté de ses spéculations, et s'il faut appeler les choses par leur nom, l'intégrité de son commerce. On a pu en juger par la déférence illimitée qu'en ont obtenue Bonaparte, ses parens, ses satrapes et ses valets, et par les flatteries nauséabondes dont l'Ordre n'a jamais cessé de les enivrer. La Maçonnerie a pu offrir quelques vues utiles, dans son institution ; mais elle est trop usée et trop éloignée de son but primitif, pour être encore intéressante, et surtout pour être jamais dangereuse.

C'est à cela qu'il faut borner toutefois les reproches qu'on renouvelle aujourd'hui contre cette Société célèbre. Les maçons de tout pays, de tout grade et de tout rit, ne méritent ni les brefs dont on les foudroie, ni les persécutions dont on les menace : ce sont généralement d'honnêtes gens, oisifs, curieux ou crédules ; mais qui ne sont ni conspirateurs, ni séditieux, ni républicains, ni athées, ni hérétiques, ni sectaires, ni impurs dans leurs mœurs, ni profanes dans leurs pratiques, et qui surtout ne sont pas sorciers.

NOTE TROISIÈME.

« *Philadelphie eut sa noblesse, son*
« *clergé, sa magistrature, son armée,*
« *son peuple.* » Pag. 46.

On pense bien qu'Oudet n'avait pas négligé de lui donner une littérature, mais
une littérature plus éminente en courage
qu'en talent, et qui ne ressemblait en rien
à celle des académies. Quoique personne
ne lui fût égal en éloquence, dans la Société
comme ailleurs, on distinguait cependant
autour de lui quelques jeunes orateurs qui
ont brillé depuis dans la chaire, à la légis-
lature, ou au barreau. Des décorations ho-
norifiques étaient décernées tous les ans à
ceux qui s'étaient fait connaître par des
ouvrages d'un goût pur, et surtout d'une
morale saine. C'était aussi du sein des *Philadelphes* que sortaient en grande partie
ces écrits hasardeux qui entraînaient, dans

toutes les classes, l'amour des bonnes lois, et la haine des tyrans. Je citerai, dans le nombre, la *Napoléone* de *Charles Nodier*, que l'auteur a, dit-on, retirée deux fois du commerce, depuis la restauration de la Monarchie, mais que l'histoire doit conserver, au moins comme un monument de zèle et d'audace d'une espèce fort rare à l'époque où elle a été écrite. Elle fut composée par l'ordre d'Oudet, sous son inspiration, et dans l'intention manifeste de servir de chant de ralliement aux hommes irréprochables des deux partis qu'il était déjà question de rapprocher ; intention qui explique seule, mais qui explique très-bien la fusion, ou pour mieux dire, l'incohérence d'opinions qu'on y remarque au premier abord. Je crois faire une chose agréable au lecteur, en rapportant ici cette pièce, dont les exemplaires imprimés ne se trouvent point, et que j'ai eu occasion de collationner sur des copies très-authentiques.

LA NAPOLÉONE.

ODE.

Que le vulgaire s'humilie
Sur les parvis dorés du palais de Sylla,
   Au devant des chars de Julie,
Sous le sceptre de Claude et de Caligula.
Ils régnèrent en dieux sur la foule tremblante.
   Leur domination sanglante
   Accabla le monde avili.
Mais les siècles vengeurs ont maudit leur mémoire,
Et ce n'est qu'en léguant des forfaits à l'histoire
   Que leur règne échappe à l'oubli.

   Qu'une foule pusillanime
Brûle aux piés des tyrans son encens odieux.
   Exempt de la faveur du crime,
Je marche sans contrainte et ne crains que les dieux.

On ne me verra point mendier l'esclavage,
    Et payer d'un coupable hommage
    Une infame célébrité.
Quand le peuple gémit sous sa chaîne nouvelle,
Je m'indigne d'un maître, et mon âme fidèle
    Respire encor la liberté.

    Il vient, cet étranger perfide,
Insolemment s'asseoir au-dessus de nos lois.
    Lâche héritier du parricide,
Il dispute aux bourreaux la dépouille des rois.
Sycophante vomi des murs d'Alexandrie
    Pour l'opprobre de la patrie
    Et pour le deuil de l'univers,
Nos vaisseaux et nos ports accueillent le transfuge,
De la France abusée il reçoit un refuge;
    Et la France en reçoit des fers !

    Pourquoi détruis-tu ton ouvrage,
Toi qui fixas l'honneur au pavillon français?
    Le peuple adorait ton courage.
La liberté s'exile en pleurant tes succès.

D'un espoir trop altier ton âme s'est bercée.
    Descends de ta pompe insensée,
    Retourne parmi tes guerriers.
A force de grandeur, crois-tu devoir t'absoudre?
Crois-tu mettre ta tête à l'abri de la foudre
    En la cachant sous des lauriers?

    QUAND ton ambitieux délire
Imprimait tant de honte à nos fronts abattus,
    Dans le songe de ton empire,
Rêvais-tu quelquefois le poignard de Brutus?
Voyais-tu s'élever l'heure de la vengeance,
    Qui vient dissiper ta puissance
    Et les prestiges de ton sort?
La roche Tarpéïenne est près du Capitole,
L'abîme est près du trône, et la palme d'Arcole
    S'unit au cyprès de la mort.

    EN VAIN la crainte et la bassesse
D'un culte adulateur ont bercé ton orgueil.
    Le tyran meurt, le charme cesse,
La vérité s'arrête au pied de son cercueil.
Debout dans l'avenir, la justice implacable
    Evoque ta gloire coupable,

Veuve de ses illusions ;

Les cris des opprimés tonnent sur ta poussière,

Et ton nom est voué, par la nature entière,

    A la haine des nations.

    Long-temps, aux lois de la victoire,

Ton bras triomphateur a soumis le destin.

    Le temps s'envole avec ta gloire,

Et dévore en fuyant ton règne d'un matin.

Hier j'ai vu le cèdre. Il est courbé dans l'herbe.

    Devant une idole superbe,

    Le monde est las d'être enchaîné.

Avant que tes égaux deviennent tes esclaves,

Il faut, Napoléon, que l'élite des braves

    Monte à l'échafaud de Sidney.

   La *Napoléone*, destinée à être chantée à grand chœur dans les banquets de la Société, avait été mise en musique par un de ses membres les plus anciens, M. Francis Dallarde, cité dès lors comme un de nos meilleurs chansonniers, et mille fois plus cher encore aux *Philadelphes*, par les qua-

lités de son cœur que par celles de son esprit. Je rappellerai un de ses couplets, im-
provisé devant cinquante auditeurs, dont
plus de quarante officiers de divers régimens. Il donnera une idée de l'esprit qui
régnait dans ces assemblées ; l'ode ou la
chanson dont il est tiré, est intitulée :
l'*Amitié*.

> Au palais des rois l'amitié
> Rarement fait sentir ses charmes;
> Mais malheur au trône étayé
> Par la terreur et par les armes!
> Tyran qui n'a pas un ami,
> Crains le poignard de tes esclaves!
> Ton corps, par le volcan vomi,
> Roulera brûlé par les laves !

Il serait injuste, enfin, d'oublier parmi
les poètes *Philadelphes* qu'il m'est permis
de nommer, soit parce qu'ils n'existent plus,
soit parce qu'ils ont avoué leurs ouvrages,
à l'époque même où leurs ouvrages pas-

saient pour des crimes dignes de mort, l'infortuné Villetard jeune , que la douleur a tué le jour du couronnement de Bonaparte, et que l'amitié regrette encore.

NOTE QUATRIÈME.

« *Le seul de ces moyens que je puisse* « *écrire, fut l'abnégation de nom : il fal-* « *lait un nouveau baptême pour un dé-* « *vouement de sang.* » Pag. 52.

CETTE idée n'était pas nouvelle dans l'histoire des Sociétés secrètes. La fameuse secte des *Illuminés*, qui n'était qu'une conspiration mystique contre toutes les institutions sociales, qu'une certaine philosophie qualifie de préjugés , avait eu recours au même moyen d'abnégation , et elle comptait, comme nous , ses *Spartacus*, ses *Thémis-*

tocle, ses *Caton*. Il y a quelque chose d'effrayant dans cette idée, qui jette un homme hors de toute la société actuelle, et qui le dépouille, jusqu'à un certain point, non seulement de son existence civile, mais encore de son propre caractère et de son identité morale, pour le modeler sur la vie d'un autre. Il ne me serait pas difficile de donner des exemples très-remarquables de la singulière influence que cette métamorphose exerçait sur l'esprit ardent de quelques adeptes, dans lesquels on voyait s'opérer une véritable métempsycose historique. Mais il est naturel de conclure aussi, de ces simples aperçus, qu'une institution pareille entraînerait quelques inconvéniens dans l'état ordinaire et naturel de la société. Tout ce qui tend à isoler les citoyens de l'ordre de choses dans lequel le hasard de leur naissance les a placés, pour les transporter dans un ordre factice et idéal, ne saurait être évité avec trop de soin.

NOTE CINQUIÈME.

« *On créa des Sociétés de Miquelets,*
« *dans les villes des Pyrénées, de Bar-*
« *bets, dans celles des Alpes ; de Ban-*
« *doliers, dans le Jura, la Suisse et la*
« *Savoie, et de Frères-Bleus dans les*
« *régimens.* » Pag. 54.

LES *Miquelets*, les *Barbets* et les *Ban-doliers* étaient d'anciens corps d'aventuriers armés, qui exerçaient leurs brigandages sur les hautes montagnes de France, et qui se louaient au plus offrant, dans certaines guerres, comme les *Condottieri* des Alpes italiennes ou Pennines. Ces noms injurieux avaient été pris à dessein par les Sociétés secondaires dont je parle, comme celui de *Gueux* par les insurgés du Brabant ; et quoi-qu'elles aient été généralement formées dans une classe très-inférieure à celle où les *Phi-*

ladelphes choisissaient leurs adeptes, elles ne méritent, sous aucun rapport, d'être confondues avec les bandes audacieuses, mais justement diffamées, dont elles ont emprunté la dénomination. De ces différentes institutions auxiliaires, la plus recommandable par le choix de ses membres, la hardiesse de ses principes et la pureté de ses intentions, est celle des *Bandoliers* du Jura, qui est la seule sur laquelle j'aie des notions assez claires, d'ailleurs, pour pouvoir lui accorder une mention de quelques pages.

Lorsqu'Oudet eut conçu l'heureuse idée d'attacher à ses *Philadelphes*, par des initiations particulières, toutes les classes de la société civile, il sentit le danger qu'il y avait à créer autant d'institutions nouvelles, qu'il y avait d'ordres de citoyens à lier par des rapports intimes d'amitié et d'obéissance. Il ne douta pas, au contraire, de la facilité extrême qu'il trouverait à s'acquérir des sociétés toutes faites, en y jetant quelques hommes puissans par leur crédit ou leurs facultés. Ces sociétés existaient dans tous les arts et métiers, où elles sont connues et tolérées sous le nom de *compagnonage*; et quoiqu'il soit vrai de dire que l'initiation du *compagnon* n'est, le plus souvent, qu'une mystification assez grossière, déguisée sous quelque appareil de solennité, il n'y avait rien de plus aisé à une âme tendre ou forte, mais très-communicative, et servie par un peu d'éloquence naturelle, que de relever l'esprit de ces associations au juste niveau de nos idées; et c'est ce qui arriva du premier abord, au point de passer toute espérance. Le *compagnonage* sur lequel on convint de faire cette épreuve, a une espèce d'autorité morale, fondée sur une réputation ancienne, et sur de vieilles traditions, mais qui paraît enfermée dans la circonscription des pays alpestrés : il commence à la base du Mont - Jura, et s'étend, presque sans subir de modifications, sur toute la longueur des montagnes qui coupent notre continent. C'est celui du charbonnier ou bûcheron, qu'on appelle dans l'*argot*, ou langue spéciale de l'ordre, le *cousinage*, ou *bon cousinage*. Il me semble que cette désignation même a un caractère touchant de sincérité. Quand, dans la plupart des autres sociétés secrètes, on se donne si gratuitement, et sans tirer à conséquence, le nom sacré de frère, les hommes simples et francs qui ont institué le *compagnonage* du bûcheron, se sont bornés entr'eux à un rapport de parenté qui impose des devoirs moins saints, moins immédiats, moins multipliés. Ils ont reconnu par là ce principe essentiel des bonnes sociétés, que leur famille naturelle exigeait le dévouement de leurs affections, sans restriction et sans partage, et qu'il ne leur était permis de s'engager à une famille d'é-

lection, que sous cette condition préliminaire. Cette naïveté de sentimens indique
si bien une société antique, et le *compagnonage* du bûcheron a tant de rapports
avec le premier grade de la maçonnerie
pure, que je ne doute pas qu'il n'en soit le
type. J'ai essayé de montrer en effet, dans
le corps même de cet ouvrage, que l'initiation maçonnique était une image de la
première réunion des hommes, lors de la
découverte, ou plutôt de l'appropriation
du feu aux premiers besoins sociaux. Le
fourneau d'un charbonnier est dans cette
hypothèse un des premiers points de ralliement de la Société, et par conséquent
un des emblèmes le plus heureux de la civilisation à son commencement. L'ordre
des *bûcherons* ou *charbonniers* est sous l'in-
vocation de *saint Thibaut* ou *Thiébaut*,
qu'en certaines des provinces où cet ordre
s'étend, on appelle *Thibal* ou *Tubalt*. Il

est impossible de méconnaître, dans ce patron de convention, le *Tubalcain* de l'apprenti maçon, qui passe pour le *Vulcain* de la Mythologie, et auquel la *Genèse* donne un emploi très-analogue. On ne saurait s'occuper enfin des règlemens de cette Société, sans y sentir je ne sais quel air de candeur qui rappelle les temps primitifs, qui charme par son ingénuité. Toutes les Sociétés secrètes ont probablement commencé par une espèce de *compagnonage*, et les Maçons ne peuvent pas nier cette origine que leur nom témoigne encore, mais ils se sont bien autrement écartés du but de leur institution que les *bons cousins charbonniers* qui n'en ont oublié ni les lois, ni les usages, ni les vertus, ni les superstitions, et qui se font le scrupule honorable de conserver dans leurs formules les plus sérieuses jusqu'aux fautes de langue de leurs prédécesseurs et de leurs ancêtres.

C'est dans cette association qu'on parvint à jeter quelques hommes lians et hardis qui déterminèrent adroitement sa direction politique, et qui lui offrirent peu à peu la perspective d'une destination à laquelle elle n'était point préparée. Ses forces morales s'agrandirent rapidement, en raison des nouvelles idées qu'on livrait à son activité, mais elles ne se développèrent point sans une opposition qui ne tenait presque jamais à la nature des idées, mais qui résultait souvent de l'impuissance ou de l'apathie des moyens. Comme les facultés négatives sont ce qu'il y a de plus dangereux en conspiration, on saisit avidement la première occasion que les circonstances firent naître de tracer une ligne de démarcation prudente, et, si j'ose le dire, respectueuse, entre la partie passive et la partie active de la Société. Telle est l'origine des *Bandoliers*. Tout ce qui tenoit à ce genre d'impulsion secondaire fut dirigé avec le plus grand zèle par l'intelligence adroite et infatigable de *Werther*, qui maintenait, pour toutes les chances possibles, l'organisation insurrectionnelle du Jura, et qui était près de s'en emparer si le plan des alliés avait eu d'autres résultats. Le *Werther* des *Philadelphes* est M. le marquis de Champagne.

NOTE SIXIÈME.

« *Cette figure fut, quelque temps après,*
« *celle de la Croix de la Légion d'Hon-*
« *neur, avec le seul changement de la*
« *tête et de la devise.* » Pag. 71.

Tout le monde fut surpris de la substitution d'une étoile à la figure consacrée
d'une croix, parce que le secret de cette
substitution resta enseveli parmi les *Phila-*
delphes. La croix des *Philadelphes* ne porte
d'ailleurs ni tête ni devise dans le centre,
mais le *nombre* de l'ordre, en chiffres ara-
bes. Il est bon de remarquer, au reste,
qu'Oudet avait institué certaines décorations, soit perpétuelles, soit temporaires,
que les frères portaient ostensiblement dans
l'assemblée, et qui étaient le prix de services
signalés rendus à la Société ou à l'Etat.
Les motifs et la nature de cette espèce de

distinction, occupaient même un titre exprès des constitutions philadelphiques. La
décoration attribuée aux grands faits d'armes, et qui était, conséquemment, la plus
multipliée de toutes, avait pour devise les
mots *Honneur et Patrie*, comme la croix
ou l'étoile de la Légion d'honneur, et il
paraît très-vraisemblable que le brave Morgan portait cette décoration particulière,
lors de son généreux suicide.

Un biographe de Moreau rapporte de lui
un mot fort singulier, qu'on a souvent con-
testé, à défaut de lui trouver une explication raisonnable. Quelque temps après l'initiation du général aux mystères des *Philadelphes*, et sa promotion à la *Censure*,
on parlait chez lui de la Légion d'Honneur, qui prêtait même, dans son petit
cercle, à des sarcasmes assez amers. Quelqu'un s'étonnant de ne pas le voir encore
appelé aux premiers rangs de ce nouvel

ordre de chevalerie, fondé sur des services que personne n'avait rendus au même degré, « Bonaparte, dit-il en souriant, se « serait trompé dans son espérance en m'é- « cartant de la Légion-d'Honneur : c'est « qu'il ne sait pas que je la commande. » Il n'y avait rien de plus vrai.

Mallet regardait si bien l'institution de la Légion-d'Honneur comme une consécration de l'institution des *Philadelphes*, qu'il le fait entendre d'une manière adroite, et par une phrase à double entente, dans sa réponse même à M. de Lacépède, le 11 nivôse an 12 :

« Citoyen, j'ai reçu la lettre que vous « m'avez fait l'honneur de m'écrire, et par « laquelle vous m'annoncez la marque de « confiance que vient de me donner le « grand conseil de la Légion-d'Honneur,

« en m'admettant au nombre des membres
« de cet ordre. C'est un témoignage d'es-
« time auquel je suis on ne peut pas plus
« sensible , et un encouragement à me
« rendre de plus en plus digne *d'une asso-*
« *ciation fondée sur l'amour de la patrie*
« *et de la liberté. J'ai souscrit de cœur et*
« *d'âme au serment exigé.* Recevez, etc. »

NOTE SEPTIÈME.

« *L'homme du monde qui était le*
« *plus digne d'apprécier les vues de* Phi-
« lopœmen, *le général Lahory, sur-*
« *nommé depuis* Thrasybule. » Pag.81.

LAHORY était admis à recevoir la dernière
initiation ; mais, frappé de mandat d'arrêt,
il fut obligé de fuir quelques jours auparavant, et il n'a jamais obtenu, par conséquent, le nom *historique* de son grade, qui
lui est cependant conservé par beaucoup
de *Philadelphes*. Ce nom lui fut donné par
Oudet, à la nouvelle de son évasion, qui
parvint à la Société en même temps que
celle de l'arrestation de Moreau. « Puisque
« Lahory est sauvé, dit Oudet, il suffit de
« celui-là : *Thrasybule* s'évada seul et ren-
« versa trente tyrans. » Chez les *Philadel-*

phes, le mot le plus hasardé de leur chef devenait une autorité classique.

Lahory n'est connu du plus grand nombre que par sa mort ; son nom n'avait paru qu'une fois, dans une longue énumération de courageux serviteurs de la royauté, que Bonaparte osait qualifier de *brigands*. La haine personnelle que le rédacteur de ces insolentes notices y manifeste contre La-hory, est l'interprétation naïve des sentimens de son maître. Bonaparte abhorrait Lahory comme Oudet, parce qu'il n'avait pas pu le fléchir.

La dernière conspiration de Mallet a duré si peu de temps, la procédure qui l'a suivie a été si courte, et la stupeur de la nation était alors si profonde, que l'intérêt public n'eut pas même la force de se diviser. On ne s'occupa que de Mallet, parce qu'on vit la conspiration toute en lui, et qu'il secondait de tout son pouvoir l'unique moyen de défense de ses co-accusés, celui qui les isolait de son entreprise, et qui les présentait comme autant d'instrumens passifs de l'audace et de la supercherie : la conduite de Mallet dans ces débats, suffirait à la renommée d'un des hommes de Plutarque.

Il faut convenir que Lahory n'a pas été aussi bien traité par l'histoire, que si elle avait eu le temps nécessaire pour le juger. M. Lafond, dont l'honneur et l'impartialité sont d'ailleurs au-dessus de tous les éloges, ne paraît pas disposé à le favoriser. Il lui reproche d'avoir mis trop de temps à s'habiller quand il fut tiré de la Force, et de n'avoir occupé, depuis, l'exercice de son ministère qu'à l'expédition d'un courrier qui fut arrêté à Orléans. Je sais aussi bien qu'un autre que Lahory, qui était admirablement organisé pour tout ce qu'il voulait entreprendre, l'était très-mal pour une conspiration inopinée qu'il n'avait pas conçue, qu'il n'avait pas examinée, et dans laquelle il ne se trouvait engagé que par hasard ou

par force. Sa résolution avait besoin de mé-
ditation et de maturité ; et personne ne cédait plus facilement à une apathie molle et
paresseuse, qui faisait le fond de son caractère, quand la réflexion ne lui montrait pas
la nécessité d'en sortir. S'il est vrai, au reste,
qu'il fut long-temps à s'habiller, et que ces
lenteurs n'aient pas paru plus prolongées,
parce qu'elles étaient plus dangereuses, ce
qu'il est cependant très-naturel de supposer,
cette circonstance n'a rien qui ne fasse honneur au courage de Lahory, et surtout à son
sang-froid. Il faut remarquer qu'il était mis
en liberté sur un faux ordre ; il faut supposer qu'il le savait, et qu'une précipitation
inaccoutumée, qui aurait manifesté ses in-
quiétudes, compromettait irrémédiablement
le sort de ses camarades et le sien. Quant à
l'acte unique de son ministère, si cet acte
contenait des dépêches importantes pour les
Sociétés du Midi, où le centre de mouvement était transporté depuis la mort d'Ou-

det, et à supposer que ces dépêches fussent détaillées et nombreuses, on ne conçoit pas aisément qu'on ait pu tirer un parti plus avantageux d'un ministère de trois heures, qui a d'ailleurs été rempli par d'autres opérations, du nombre desquelles était l'importante arrestation du duc de Rovigo. On raconte encore que Lahory perdit quelques minutes à essayer un habit de ministre, ou même à en prendre la mesure ; mais ces minutes n'étaient pas si mal employées, si elles faisaient passer, comme elles devaient le faire, dans l'esprit de tous les spectateurs, le sentiment de confiance dont Lahory feignait si habilement d'être animé. Indépendamment enfin de ce premier objet d'utilité, qui me semble assez bien entendu, Lahory avait trop d'esprit pour ne pas connaître le pouvoir de l'apparence sur l'imagination des Français, et pour commencer une conspiration sans songer aux broderies. Il savait bien, par l'expérience du 18 bru-

maire, qu'il n'y a que celles-là qui réus-
sissent ; et c'est ce qu'il a fait sentir à ses
juges avec autant d'adresse que de courage,
dans certains endroits des débats qu'on ne
sera pas fâché de trouver ici. Je n'ai eu
qu'une page à donner à Lahory dans mon
ouvrage, et je dois le laisser se peindre lui-
même.

Le Président (1). Accusé Lahory, quels
sont vos noms, prénoms, âge et qualités ?

Lahory. Victor-Claude-Antoine Fanneau

---

(1) C'était M. le comte Dejean, premier inspec-
teur général du Génie, qui exerça cette fonction
avec une mesure dont les condamnés eux-mêmes
sont obligés de tenir compte à leurs juges, et qui
était très-rare dans les commissions militaires de
Bonaparte. Les autres juges étaient le général Der-
riot, le général Henry, le colonel Geneval, le colonel Moncey, le major Thibaut, et le capitaine De-
lon, juge-rapporteur.

de Lahory, âgé de quarante-six ans, ex-général de brigade (1).

Le Président. Il résulte des pièces jointes au procès, et en même temps de vos réponses, que, sorti de la Force, vous avez eu communication du sénatus-consulte, d'une proclamation, de l'ordre du jour et des ordres donnés par le général Mallet aux différens corps. Il résulte en même temps des interrogations et de vos aveux que vous avez été conduit au Ministère de la police, que vous avez concouru à l'arrestation du ministre de la police, afin de servir à vos vues; qu'après l'arrestation du ministre de la police vous avez pris sa place et signé plusieurs pièces (2) en ladite qualité de mi-

____

(1) Il avait été destitué à l'époque du procès de Moreau.

(2) S'il a signé *plusieurs pièces*, on lui reproche à tort de n'avoir occupé son ministère que de l'expédition du courrier du Midi.

nistre de la police : vous êtes convenu de ces faits. Avez-vous quelque motif d'excuse à produire à la commission pour ces différens faits ?

Lahory. C'est une justification tout entière qu'on me demande (1).

Le juge rapporteur. Si le prévenu veut parler de sa défense en remplaçant le défenseur-officieux (2), ce ne peut être qu'a-

---

(1) Il n'y a rien de plus évident. La question du président est un acte d'accusation sommaire.

(2) Les accusés principaux n'avaient point de défenseurs officieux, parce qu'il ne s'en était point présenté. Parmi ces avocats publicistes, si forts en *idées libérales* et qui usent si largement de la tolérance d'un Gouvernement indulgent, *il ne se rencontra pas un homme qui osât défendre Mallet!*

près le rapport qu'il doit prendre la parole (1).

Le Président. Alors veuillez vous borner à répondre aux questions que je vous ai faites.

Lahory. Vous m'avez demandé, M. le président, quels moyens d'excuse je pourrais donner pour avoir arrêté le ministre de la police, et pour avoir pris part aux projets dont l'accusé Mallet est censé l'auteur (2).

––––––––––

(1) Et comment voulez-vous qu'il réponde à son accusation sans parler de sa défense ?

(2) Il n'y avait qu'un moyen de défense pour Mallet, et Mallet ne voulut pas l'employer; mais le généreux Lahory le suggère. Il parle des projets dont Mallet *est censé l'auteur*; *il n'a point cru* que Mallet fût l'*auteur* de ces projets. Il indique à la commission une source plus haute qui pourrait bien exister, et qui peut faire planer sur elle une terreur salutaire. On croit généralement que Mallet

Je n'ai point cru que l'accusé Mallet fût l'auteur du projet ; j'ai cru obéir aux ordres du général Mallet , comme ayant un pouvoir supérieur à moi en allant arrêter le ministre. Quant au titre de ministre qu'on m'a vu prendre, c'est parce qu'après avoir arrêté le ministre , la fermentation qui régnait autour de lui, l'inquiétude que j'avais pour ses jours et que lui-même a montrée , m'ont obligé de prendre un titre quelconque pour l'envoyer dans une maison de sûreté, qui était à mes yeux le seul moyen par lequel ses jours pussent être mis à l'abri du danger. N'ayant pas d'autre titre à prendre, je l'ai pris. Voilà le seul motif pour lequel

---

avait pensé s'assurer de quelque appui dans le ministère ou dans le Sénat ; mais j'avoue que j'aurais peine à lui pardonner cette confiance stupide dans des hommes qui n'ont conspiré qu'à coup sûr depuis vingt-cinq ans.

j'ai usurpé ce titre, et le seul objet que j'aie eu dans la circonstance : ce qui ne laisse pas de doute, c'est que je n'ai pas exercé les fonctions de ministre de la police (1). Si j'avais cru l'être effectivement, j'aurais voulu en jouir au moins dès le premier moment, ne fût-ce que pour faire sortir quelques prisonniers avec lesquels je me trouvais à la Force. On ne pourra citer de moi aucun acte qui appartienne à ces fonctions, sinon ceux qui résultaient de la situation où je me suis trouvé, ou plutôt d'une extrême générosité de ma part ; car c'est par une grande générosité que j'ai consenti à usur-

____

(1) Il ne pouvait pas savoir que son courrier d'Orléans avait été arrêté; il était sûr que plusieurs courriers étaient parvenus, et il comptait encore sur le mouvement qui faillit à éclater à Lons-le-Saulnier, à Montpellier et à Grenoble.

per un titre qui pouvait seul me mettre à même de sauver les jours du ministre.

Aussitôt qu'il a paru devant moi et qu'il a été à ma disposition, ma première parole a été : *Tu n'as rien à craindre, Savary. Tu tombes dans des mains généreuses* (1)!

Cependant, il régnait une grande agitation ; alors je lui dis (et je prie mes juges de vouloir bien s'en assurer, si ces déclarations n'existent pas de la part du ministre), je dis : *Tu ne peux rester en sûreté, je ne vois d'autre parti que de t'envoyer à la*

----

(1) Ce mot renferme un sens terrible que les suites ont trop bien expliqué. Personne n'est plus éloigné que moi de désirer, d'approuver un assassinat, quel que soit son résultat possible ; personne n'approuve plus que moi la conduite modérée de Lahory; mais les conspirations ne sont point l'élément d'un homme de bien. Mettez un scélérat à sa place et celle-ci réussissait.

Force. Ne sachant comment le faire recevoir par ce concierge, il me fallut prendre un titre quelconque; si on me cite un autre exercice des fonctions de ministre de la police, des fonctions réelles.....

Le Président. Vous êtes trop instruit pour que l'on croie que vous avez pu yous méprendre sur la contexture des actes qui vous ont été présentés par l'accusé Mallet (1). Il serait difficile qu'un homme aussi instruit que vous l'êtes eût pu se méprendre sur la falsification de ces actes qui ne por-

---

(1) Et qui ne s'y serait pas trompé? M. le président lui-même n'aurait pas plus formé de doutes que M. Frochot. Pourquoi veut-on qu'un prisonnier ait mieux pénétré le secret de la conspiration du fond de son cachot, que le préfet de la Seine au milieu de son palais? Si l'on réduit le délit de Lahory à une erreur si naturelle, de quel droit ose-t-on le condamner?

taient aucun caractère ni aucune vraisemblance (1).

Lahory. M. le président, je suis sorti
de la Force dans la forme commune ; le
concierge m'a annoncé ma liberté comme
on l'annonce ordinairement. A ma sortie de
la Force, j'ai trouvé le général Mallet (2).
Il m'a remis un paquet, il m'a parlé d'un
sénatus-consulte, et de tout ce qui existait,
très-rapidement, car je ne l'ai pas lu dans

----

(1) Il ne manque rien à la vraisemblance. Ne
semble-t-il pas qu'il n'était point possible que Bonaparte mourût? Quant au caractère, pour s'assurer
qu'il n'y est pas, il faut remonter aux sources.

(2) S'il est prouvé, comme il est probable, que
Lahory n'a été instruit des projets de Mallet qu'en
sortant de la Force, on ne peut plus imputer à une
coupable lenteur le retard qu'il a mis à s'habiller.
Lahory n'entendait parler que de sa mise en liberté,
et n'était pas homme à s'émouvoir pour un événement si simple.

ce moment-là. J'ai ouvert le paquet et je n'ai vu que les titres des actes avec l'indication de l'objet qu'ils renfermaient. Je supposais la formation d'un nouveau gouvernement. Je supposais que ce nouveau gouvernement se formait et cherchait à détruire l'ancien ; je croyais enfin concourir à une révolution commencée et non à une conspiration (1).

Dans cette supposition, vous ne pouvez trouver extraordinaire que j'aie exécuté des ordres qui me paraissaient légaux, comme on voudra l'entendre ; j'ai cru à l'existence de deux gouvernemens qui se combattaient, et dans ce moment-là je n'ai pas

____

(1) Cette distinction ingénieuse et délicate nous transporte à une époque où nous ne nous trouverons plus, celle des gouvernemens illégitimes; mais elle était très-vraie sous Bonaparte, et dans toute la révolution. Une conspiration était une révolution commencée, une révolution était une conspiration finie.

coopéré à une conspiration ; j'ai cru que le général Mallet était général de division et commandait la force armée, et que je pou-vais recevoir de lui un ordre.

Le président. Mais vous deviez connaître l'ex-général Mallet. Vous saviez qu'il avait été à la Force avec vous ?

Lahory. Non. Je n'ai pas vu le général Mallet depuis douze années, et je n'ai entretenu avec lui, depuis ce temps, aucune liaison directe ni indirecte (1); j'ignorais

---

(1) Ce fait est de la vérité la plus exacte. Je voudrais bien savoir comment on expliquerait le choix fait par Mallet du général Lahory pour diriger une conspiration qu'il a conçue, après douze ans de sé-paration sans communications d'aucune espèce, et l'action rapide et forte que Mallet exerce sur lui dès le premier abord, autrement que par l'existence d'une Société secrète qui les a constamment liés d'intention. Cela est d'autant plus remarquable que Lahory était connu, depuis long-temps, et bien an-

tout ce qui se passait ; j'étais à la veille et au moment de partir quand on est venu m'annoncer ma liberté (1) ; je suis peut-être plus excusable qu'un autre d'avoir adopté avec crédulité l'espérance d'un état de choses qui m'offrait au moins un changement dans les malheurs que je souffre depuis tant d'années.

Après avoir été proscrit pendant neuf ans dans ma patrie, sorti d'une prison d'État pour être banni en laissant mes biens, et jeté nu sur une terre étrangère, j'avais peut-être quelques droits à désirer un nouvel ordre de choses ; je ne l'ai point préparé, et je n'ai eu aucun rapport avec le général Mallet antérieurement à l'événement.

---

térieurement à Mallet, pour appartenir au parti royaliste.

(1) Il avait obtenu d'être déporté aux États-Unis, pour y rejoindre Moreau.

Je ne prétends pas que ma crédulité soit excusable à vos yeux. Je dis que ceux qui connaissent le cœur humain, savent que l'on doit excuser un premier moment d'erreur, dans l'homme surtout qui n'a eu qu'une minute de réflexion. Le général Mallet me dit : *Il n'y a pas un moment à perdre.* Je le prie de confirmer ce qu'il m'a dit. Cette confiance peut paraître ridicule ; elle suppose assez peu de réflexion pour que je ne doive pas m'en honorer (1) ; mais puis-

____

(1) Lahory emploie ce moyen pour lui-même, parce qu'il est évident que l'extension s'en fera plus naturellement encore aux autres accusés. Il insiste sur la légèreté de sa confiance, pour en dissimuler d'ailleurs la véritable cause. Si Mallet n'a point agi sur Lahory, au nom et avec les pouvoirs d'un parti organisé dont Lahory dépend, il n'y a réellement rien de plus ridicule que sa conduite, et il est de l'intérêt de la grande conspiration qui leur survit pour les venger, que Lahory le fasse croire à ses juges.

que c'est la vérité, je l'avoue avec la franchise qui constitue mon caractère.

J'avais vu, le 18 brumaire, une révolution qui s'était faite de la même manière (1). En effet, un grand nombre de troupes obéissait au général Mallet, non pas comme un rassemblement tumultueux, mais comme une troupe accoutumée à obéir à un Gouvernement qui ne se croit pas dans un état de fausse position : tous les officiers qui sont ici peuvent l'attester. Il n'y avait rien qui supposât dans ce corps la moindre hésitation, le moindre doute ; ils obéissaient comme on obéit communément. Paris était dans un état de tranquillité absolue. Il était grand jour. J'ai pu traverser Paris avec quelques compagnies, aller à l'Hôtel-

____

(1) Cette comparaison est d'une franchise un peu audacieuse ; mais Lahory sait qu'il va mourir, et il profite de la dernière occasion qui lui reste d'attaquer la légitimité de Bonaparte dans sa base.

de-Ville et à la police sans rencontrer le moindre obstacle. D'autres troupes passaient à droite et à gauche , dans tous les sens , sans faire la moindre opposition. J'ai pu me tromper ; j'ai pu croire le Sénat assemblé ; j'ai pu croire qu'il formait un Gouvernement nouveau ; je me suis trompé. Demandez à un corps entier d'officiers qui sont ici ; je ne doute pas de leur bonne foi à tous ; ils étaient dans un état de crédulité absolue. Si l'on veut se servir de la supposision de talens et de mérite, pour dire que je ne me suis pas trompé, c'est abuser contre moi de l'erreur dans laquelle un homme peut se jeter (1).

Le président. Il ne résulte ni de votre interrogatoire , ni des interrogatoires des

---

(1) Lahory avait réellement beaucoup de talent ; et il n'en faut pas d'autre preuve que la logique saine et vigoureuse de cette défense improvisée, qui est pleine d'ailleurs d'insinuations adroites.

co-accusés, que vous soyez reconnu comme l'auteur de la conspiration ; mais il résulte de faits positifs que vous y avez concouru.

Lahory. Je ne nie pas que je n'y aie concouru, que je n'aie concouru à un acte qui, par l'effet matériel, se trouve être une conspiration ; je n'ai point cru concourir à une conspiration ; j'ai cru concourir à la formation du nouveau gouvernement, comme j'ai concouru au 18 brumaire (1). C'était dans Paris un même état de tran-

____

(1) Il revient sur le 18 brumaire pour forcer l'auditoire à la comparaison qu'il a l'intention d'établir, et qui réduit Bonaparte au rôle d'un conspirateur favorisé par le hasard. Lahory n'ignore pas d'ailleurs qu'il manquait à l'affaire du 23 octobre le moyen de succès le plus puissant du 18 brumaire, le concours de l'ambition et de la cupidité des gens en place, et celui du crime lui-même qui cherche partout une garantie. C'est ce qui fait que les conspirations de la vertu prospèrent si rarement.

quillité. Trompé par ce souvenir, j'ai pu, plus qu'un autre, tomber dans l'erreur ; j'avouerai franchement mes torts : je sais que ma tête est dévouée, je ne parle pas pour la sauver ; je dis franchement ce que je pense et ce que je crois. On dira peut-être, en supposant que j'affecte une crédulité factice, on dira que j'avais des arrière-pensées, que je savais tout. J'ignorais tout (1) : s'il se trouve, dans tous les interrogatoires, dans toutes les dépositions, dans toute ma conduite, dans tous les papiers que l'on a trouvés chez moi, un fait, un indice qui suppose ma connaissance sur ce fait, qu'on le cite.

Le Président. J'ai déjà dit à l'accusé qu'il n'existait point de preuves qu'il fût l'auteur du complot, mais qu'il existait la preuve

---

(1) Il se joue avec cette énigme, parce qu'il est sûr qu'on n'en trouvera pas le mot.

positive qu'il a coopéré à ce fait, qui est l'objet du procès.

Lahory. Je ne croyais point conspirer ; je croyais obéir à un gouvernement formé : je croyais à l'existence du sénatus-consulte ; je croyais l'Empereur mort. Le sénat assemblé formait la base et le type d'un gouvernement nouveau : pourquoi ne veut-on pas que je l'aie cru ? Je n'avais aucun moyen de vérifier ce que croyait tout un corps d'officiers ; pourquoi ne veut-on pas que j'aie été trompé, quand tant d'autres étaient dans le même état d'erreur ?

J'en reviens à ce qui tient au titre de ministre de la police. Le ministre me rend la justice que j'ai fait tout ce que j'ai pu pour sauver ses jours, que je n'ai eu que cela en vue ; ce n'était point un acte de reconnaissance : car j'ai, au contraire, beaucoup à me plaindre de la police.

Le Président. Il n'y a aucune action dans le sens contraire à ce que vous annoncez.

'Au reste , j'ai déjà dit à l'accusé , qu'il ne s'agissait pas ici du ministre, mais de l'attentat contre la sûreté intérieure de l'Etat : le ministre n'est qu'un être secondaire.

Lahory. Mais, dans la supposition qu'il n'y ait point de relation entre l'attentat contre la sûreté du ministre et l'attentat contre la sûreté de l'Etat, dans la supposition de la commission qui les distingue, je déclare, sur mon honneur et sur ma conscience, que j'ai cru positivement à l'existence du sénatus-consulte. Je ne l'ai pas lu assez pour le juger, j'en conviens. Tout le corps d'officiers qui est présent ici, et devant lequel on m'a remis ce paquet, peut attester si j'ai eu le temps, une minute seulement, pour en faire la lecture. Si l'erreur est inexcusable dans des choses de cette importance, je suis certainement plus coupable qu'un autre, mais je le suis avec une erreur capitale et première, qui provient de la situation politique dans laquelle je suis.

Le Président. Si l'accusé Lahory veut ajouter à sa défense, il le fera après la lecture des conclusions du rapporteur. Je l'invite à reconnaître les pièces jointes au procès.

Lahory. Je suppose que ce sont les mêmes. S'il m'est permis de faire une défense, j'ai un besoin absolu qu'on m'envoie l'exposé de ma vie (1). Ce n'est pas une si grande faveur dans la situation où je suis.

----

(1) Les *Philadelphes* du grade le plus élevé contractaient envers le chef suprême l'obligation expresse d'écrire jour par jour l'exposé de leur vie dans tous ses détails. Ce journal devait être si scrupuleusement consciencieux, qu'il mît sous les yeux du *Censeur* les moindres particularités de leur conduite morale, quand il trouvait à propos de les connaître.

Le Président. Vous n'êtes nullement accusé pour le passé.

Lahory. Je suis bien aise de faire connaître mon caractère dans ces derniers momens. Le temps des juges est très-précieux, mais dans une situation semblable.....

Le Président. Si le passé avait quelque rapport au procès actuel, et pouvait atténuer ou justifier le présent, la commission ne verrait aucune difficulté d'adhérer à votre demande ; mais comme le passé ne peut ni atténuer ni aggraver le présent en aucune manière, je ne pense pas que ces pièces soient nécessaires.

Lahory. Le caractère moral d'un accusé n'entre-t-il pas aussi dans la balance des juges ?

Il était toujours rédigé de manière à ne compromettre en rien l'institution. C'est ce manuscrit important que Lahory paraît réclamer. On ne sait dans quelles mains il est tombé depuis sa mort.

Le Président. Dans votre défense, vous ferez valoir ces moyens.

Lahory. Je les ferais valoir si j'avais ces pièces, mais je ne les ai pas.

Le Président. Il n'y a rien dans le procès actuel qui ait rapport à votre ancienne conduite.

Lahory. Je le crois bien ; mais moi, j'ai besoin, pour vous-même, que vous me jugiez tel que je suis.....

Cette dernière expression de l'homme de bien, devant son juge, a un caractère sublime, et ces débats font, en général, beaucoup d'honneur à Lahory. Je répète que ce co-accusé de Mallet, trop négligé par l'histoire, mérite d'être vengé de son dédain par un biographe sensible. Plus étranger à ce dernier mouvement qu'à aucune des autres conspirations des *Philadelphes*, et accoutumé à ne dire positivement que ce que je sais bien, je n'ai pu que poser quelques pierres d'attente sur la route de mes successeurs : je leur laisse un grand monument à élever.

NOTE HUITIÈME.

« *L'initiation de Moreau.... eut lieu ,*
« *pour le premier grade , dans un hôtel-*
« *garni des environs du Palais-Royal.* »
Pag. 83.

L'HÔTEL *Berlin ,* rue des FRONDEURS, dans l'appartement d'un *Philadelphe ,* qui toutefois n'assista pas plus que moi à cette cérémonie , où *Philopœmen* ne fut accompagné que de deux témoins , comme j'ai déjà eu l'occasion de le dire ailleurs.

NOTE NEUVIÈME.

« *Il m'est cependant prouvé que cette*
« *hésitation même n'a point été si timide*
« *qu'on le croit généralement.* » Pag. 113.

Si la proposition de Moreau avait été ad-
mise, l'entreprise réussissait incontestable-
ment. Je tiens tous les détails qui ont rapport à cette circonstance, d'une personne
qui a été initiée aux relations les plus intimes de Pichegru et de Moreau, et même
aux communications qui n'ont eu lieu que
de l'un à l'autre ; de sorte que le fait que
je raconte à la page citée, tout difficile qu'il
paraisse à vérifier, est cependant de la plus
stricte exactitude.

NOTE DIXIÈME.

« Le gouvernement avait sur ce point
« des certitudes bien acquises, et confir-
« mées bien positivement par les révéla-
« tions d'un personnage célèbre de ce
« temps, dont je serai bientôt obligé de
« m'occuper avec plus de détails. » P. 117.

ET c'est pour n'y pas revenir d'une manière fastidieuse, que je vais enfermer dans
cette longue note ce qui me reste à en dire.
La modération dont je me fais un devoir,
m'a interdit, à l'égard de M. Méhée, toutes
les qualifications injurieuses que certains
écrivains ont pu se croire autorisés à lui
prodiguer. Il annonçait sa défense, et je
ne me suis pas permis de rien préjuger sur
elle, quoiqu'elle me parût infiniment difficile à établir. Elle vient enfin d'être publiée, sous le titre de *Mémoire sur procès,*

avec des éclaircissemens sur divers événe-mens politiques, et des pièces justifica-tives. Je souhaite que les esprits prévenus, qui sont toujours les plus nombreux, trouvent ces éclaircissemens aussi satisfaisans qu'ils le semblent à M. Méhée lui-même. S'il faut pourtant dire ce que j'en pense, je ne crois pas qu'on puisse, ni en justice ni ailleurs, assimiler à une calomnie formelle l'induction naturelle et indispensable que tout le monde a dû tirer d'un livre qui porte le nom de M. Méhée, et qui est écrit, du commencement à la fin, au nom de M. Méhée, et dans lequel personne ne s'est avisé de chercher l'ouvrage d'un autre. Quand M. Méhée s'écrie : « On a « répandu, et des misérables ont imprimé « depuis, que M. Méhée avait été envoyé « en Angleterre pour espionner ce qui « s'y faisait : sur quel fondement a-t-on « bâti ce conte absurde ? Sur ce qu'il était « allé en Angleterre, et en était revenu! »

Quand M. Méhée ajoute, avec une assurance un peu fière : « On défie de pro- « duire d'autres renseignemens ; » il est tout simple de lui répondre, qu'on a effectivement répandu ce fait, vrai ou faux, et que des misérables l'ont effectivement imprimé dans un volume intitulé : *Alliance des Jacobins de France avec le ministère anglais ;* qu'on a probablement bâti *ce conte absurde* sur le livre en question, où il est présenté avec toutes les circonstances qui peuvent constater l'authenticité d'une histoire ; que lorsqu'un homme est allé en Angleterre, et qu'il en est revenu, s'il prend la peine d'imprimer qu'il est allé pour espionner, et revenu pour tirer parti de son espionnage, on est presque obligé à le croire, malgré l'infamie de la chose, parce qu'il n'est pas ordinaire à quiconque a de l'esprit et du savoir faire, de s'avilir aussi gratuitement pour faire preuve d'imagination, et qu'enfin les gens qui ont le plus

de peine à se former une conviction suffisante, surtout quand il s'agit de condamner, avaient la hardiesse de croire que ces
renseignemens les dispensaient d'en demander d'autres. M. Méhée avait seulement
deux manières de se justifier : la première,
en démontrant qu'il n'était point allé en
Angleterre ; ou la seconde, en faisant voir
qu'il n'était point l'auteur du livre qui porte
son nom : et c'est à ce dernier parti qu'il
s'est arrêté, mais dans des termes si légers,
et d'un ton d'insouciance si manifeste, qu'il
valait presque autant qu'il n'en parlât point.
Son livre est *évidemment*, dit-il; *composé
par la police.* Je ne prétends pas que cela
soit impossible; je suis même porté à penser
que cela est vrai, parce que la police de
Bonaparte n'était que trop capable de cette
supercherie; mais cela n'est pas assez évident pour se démontrer de soi-même; et
cela est trop important, pour ne pas mé-
riter la peine d'être apquyé autrement que

d'une affirmation pure et simple. Quoi qu'il
en soit, si la police a fait l'ancien livre de
M. Méhée, ce que je souhaite sincèrement,
elle n'avait pas mal rencontré sur les faits :
car elle dit, à peu de chose près, sur la
conspiration *d'alliance*, pour en perdre les
auteurs, ce que M. Méhée dit maintenant
pour les honorer : « il existait depuis long-
« temps, » ce sont les termes du *Mémoire
sur le procès*, « un parti de républicains qui
« avaient conçu le projet de terminer toutes
« les dissensions et toutes les angoisses de
« la France, en opérant, entre les roya-
« listes et eux, une réconciliation franche
« et loyale. Le problème à résoudre con-
« sistait à trouver un moyen de faire rap-
« peler le Roi par les Français de l'inté-
« rieur et à vivre sous son égide, et sous
« celle d'une constitution qui assurât au
« peuple français les principales bases de
« celle de 1789. Pour parvenir à ce but, il
« fallait non seulement s'assurer des dispo-

« sitions du chef des Bourbons, mais aussi
« trouver un moyen de dédommager les
« émigrés sans inquiéter les acquéreurs des
« domaines dont l'Etat avait disposé. Plu-
« sieurs démarches avaient été tentées dans
« ce sens, mais presque toujours inutile-
« ment, parce que les agens d'un ordre in-
« férieur auxquels on s'était adressé, ou
« n'apportaient pas assez de bonne volonté
« à cet acte d'oubli et de bienveillance gé-
« nérale, ou ne présentaient aucune garantie
« suffisante aux républicains. » *N. B.* «C'est
« en voulant exécuter seul ce plan si long-
« temps et si malheureusement ajourné,
« qu'a péri le brave général Mallet, l'un de
« ceux qui avaient le plus ardemment saisi
« cette idée. »

Tout le monde sait, ou doit savoir aujourd'hui, que ce plan n'a été *si long-temps
et si malheureusement ajourné*, qu'en raison de la délation donnée, vendue ou surprise, qui livra à la police une grande

partie de ses élémens ; mais je persiste à croirê qu'on doit savoir quelque gré à l'auteur, officiel ou non , du fameux livre de l'*Alliance ,* pour la réticence dans laquelle il s'est renfermé à l'égard des personnes de l'intérieur, s'il les a aussi bien connues que les choses ; il est vrai qu'il a été moins discret sur les lieux , comme on peut le voir , par vingt passages où le centre de mouvement est distinctement indiqué.

« La première partie de mon Mémoire,
« dit-il, page 34, traitait des moyens qu'a-
« vaient les républicaius de se rendre maî-
« tres d'une partie de la France (1) ; le co-
« mité m'avait fait prévenir que le plan du
« général en qui il avait mis sa confiance (2)

---

(1) Il était impossible de dire, sur ce point, des choses spécieuses, sans faire des révélations essentielles. En cherchant à mentir, on aurait deviné.

(2) Oudet avait eu le brevet de général de bri-

« était de se rendre maître des villes de
« Besançon, Dôle, Auxonne et Dijon ; de
« faire ensuite insurger tous les départemens
« circonvoisins, et de former à Auxonne un
« camp, où viendrait se rendre tout ce qui
« voulait fuir la domination de Bonaparte.
« La Suisse, travaillée par nos émissai-
« res (1), devait s'insurger de son côté, et
« couper à l'armée d'Italie sa communica-
« tion naturelle avec le gouvernement. Tou-
« tes les puissances voisines devaient être
« invitées à voir sans effroi ce mouvement
« qui rendait la liberté au monde entier, et
« le délivrait de l'influence du premier
« Consul (2). Je conseillais aux royalistes

gade, et c'était d'ailleurs le nom sous lequel il était
connu aux grades inférieurs.

(1) Il n'y avait pas besoin de nos émissaires pour
cela.

(2) Cette formule est la même, mot pour mot,

« de faire les plus grands efforts sur les
« côtés de l'Océan , ajoute-t-il , page 35 ,
« de gagner tant qu'ils pourraient dans le
« midi, et de faire en sorte de venir donner
« la main aux républicains sous les murs de
« Lyon (1). »

Page 47. « On écoute attentivement les
« détails de nos préparatifs sur les bords du
« Rhin, en Suisse, en Hollande, et sur-

---

que celle des proclamations de l'*alliance*. Il était
très-adroit de la part de la police de la déconsidérer
en la faisant passer sur le compte d'un de ses agens.
La publication de l'ouvrage dont je parle, servit et
prolongea le despotisme de Bonaparte, en frustrant
de toute confiance les hommes sincèrement attachés
au même projet qui étaient obligés de s'appuyer des
mêmes idées.

(1) Cette vue n'était pas bien neuve. C'était à
défaut de suivre ce plan, que la guerre de la Vendée
n'avait pas terminé la révolution, et tout le monde
le savait.

« tout nos dispositions d'attaque dans la
« Franche-Comté, le Jura et la Bourgo-
« gne... »

Page 224. « Je nommai la place de Be-
« sançon et sa citadelle ; je représentai que
« cette ville était très-forte, et que nous
« étions certains d'y trouver beaucoup d'ar-
« tillerie et de munitions en tout genre (1).
« En cas de malheur, nous devions nous
« retirer dans les montagnes du Jura ; nous
« y trouvions une retraite assurée, et pen-
« dant ce temps, les autres départemens
« dans lesquels nous avions formé des
« noyaux obligeaient à la diversion... »

Page 232. « Il faut établir des hommes
« affidés de six lieues en six lieues, depuis
« Besançon jusqu'à Fribourg, pour porter

____

(1) Cette donnée était fausse. Tous les approvi-
sionnemens d'artillerie étaient à Auxonne.

« et reporter des avis (1). La toute pre-
« mière opération paraît devoir être la prise
« de Besançon, qui servira comme place
« d'armes, et en cas de malheur, comme
« place de défense. Dans ce dernier cas,
« une partie des insurgés pourra se jeter sur
« les Cévennes et les montagnes du Viva-
« rais, et s'y soutenir pendant long-temps,
« pourvu qu'on lui ménage une communi-
« cation sûre pour recevoir des secours pé-
« cuniaires, soit par Huningue, soit par
« Bâle et la Suisse. Après s'être rendu maî-
« tre de Besançon, etc., et après avoir in-
« surgé les provinces voisines, on ne doit
« pas perdre un seul moment à agir dans
« Paris même.... »

Page 235. « On pourrait envoyer à l'*ami*

-----

(1) Et cela eut lieu malgré la délation, parce qu'on
se servit de moyens qui ne pouvaient pas être prévus
par la police.

« quelqu'un de confiance, soit pour Paris,
« soit pour Besançon.... »

Page 241. « L'heure de l'explosion ap-
« proche, et je ne suis chargé de m'occu-
« per et de vous entretenir que des moyens
« de soulèvement. Nous ne plaçons pas dans
« la liste des événemens seulement possi-
« bles, l'occupation spontanée des places
« de Besançon, avec sa citadelle, de Bé-
« fort, Auxonne, Dôle, Colmar, et de
« plusieurs villes de la Haute-Bourgogne;
« c'est une affaire aujourd'hui aussi claire
« que l'existence même de ces villes; elles
« seront à nous douze heures après que nous
« l'aurons décidé. Le soulèvement total de
« la Bourgogne, de la Franche-Comté, du
« Jura et du Vivarais, nous paraît à peu
« près aussi sûr (1); mais ce n'est pas une

______

(1) Ces indications reposent sur des choses vraies
mais mal sues. Il n'y a point de rapports statistiques

« affaire faite comme la prise des villes pré-
« cédentes (1). Quelques accidens peuvent
« retarder plus ou moins la reddition totale
« de toutes ces belles contrées ; mais comme
« les lieux douteux seront sur-le-champ as-
« saillis par ce que nous pourrons détacher
« de nos forces, nous ne faisons presque pas
« de doute que tout ce qu'il y a de Fran-
« çais ne se réunisse à nous (2). »

---

entre la Franche-Comté et le Vivarais ; et le Jura est
une partie de la Franche-Comté qui n'en devait pas
être distinguée.

(1) Même observation qui prouve que l'écrivain
connaît le fond du projet sans en connaître les détails,
ou bien qu'il se trompe à dessein pour tromper l'opinion publique. La prise des villes n'était pas aisée et
l'insurrection des campagnes était toute faite. Les
Philadelphes n'eurent qu'à s'en saisir. Le mouvement royaliste du Jura leur est antérieur de six ans.

(2) C'est ce qui serait nécessairement arrivé si
M. Méhée n'eût pas fait le livre de la police, ou si
la police n'eût pas fait le livre de M. Méhée.

L'esprit et les moyens généraux de l'entreprise ne sont pas manifestés moins clairement dans plusieurs endroits différens. Après
avoir reconnu que la destruction du gouvernement impérial ne peut être opérée
que par l'armée, et sous la direction du *général* (1), on lic le système d'*alliance* à la
conspiration manquée de Pichegru d'une
manière trop analogue aux vues véritables
des conjurés, pour qu'il soit possible de
supposer que des détails aussi vrais se soient
présentés à l'esprit d'un faussaire. « Puis-
« qu'il est bien constaté, » fait-on dire à

---

(1) Ce général (*dans lequel le comité avait mis
sa confiance,* note 2), ne peut être ni Pichegru, qui
n'était pas l'homme des républicains ; ni Moreau, qui
est nommé comme prisonnier d'Etat dans la phrase
même où il est question du *général* ; ni Mallet, qui
n'appartenait pas encore à la conjuration. C'est Oudet
que Méhée parvint probablement à faire passer aux
yeux de la police pour un être de raison.

M. Dracke, page 233, « qu'une très-grande
« partie de l'armée, tant officiers que sol-
« dats, est très-mécontente de l'arrestation
« de Moreau, il est naturel que le général
« les satisfasse à cet égard, afin de s'assurer
« de leur aide dans le moment critique.
« Le général ne peut que s'apercevoir qu'il
« lui sera de la plus haute importance, et
« de la dernière nécessité même d'adopter
« pour principe général de profiter de l'as-
« sistance de tous les mécontens quelcon-
« ques, et de les réunir tous pour le pre-
« mier moment, de quelque parti qu'ils
« soient, en déclarant que le grand but de
« l'insurrection étant de mettre fin à la ty-
« rannie qui pèse sur la France et sur l'étran-
« ger, tout ce qui est ennemi du gouverne-
« ment actuel sera regardé comme ami par
« les insurrectionnels (1). »

____

(1) Il était impossible de faire valoir des idées plus

Ces documens occupent plus de place que je ne l'aurais voulu ; mais il me semble, qu'ainsi rapprochés, ils offrent un ensemble digne d'attention, surtout si l'on considère qu'ils composent tout ce qui a paru sur la conspiration de *l'alliance*, avant que j'aie entrepris de la raconter.

---

raisonnables, et Bonaparte le sentit si bien, qu'il s'em-pressa de leur imprimer le sceau de la police pour les déshonorer.

(319)

NOTE ONZIÈME.

« Werther retourna dans le Jura, dont
« *l'excellent esprit, la position géogra-*
« *phique et les relations faciles et multi-*
« *pliées avec l'étranger, faisaient le cen-*
« *tre d'insurrection le plus favorable qu'on*
« *pút choisir.* » Page 159.

Le Jura s'est fait remarquer pendant toute
la révolution par des actes de dévouement
et de vigueur qui l'assimilent aux provinces
les plus prononcées. Ses soldats ont été distingués même entre les braves ; ses généraux, parmi lesquels il suffit de citer Pichegru, Mallet et Lecourbe, suffiraient à l'honneur d'une nation entière ; ses administrateurs ne l'ont pas cédé, en courage civil,
au courage militaire de leurs généreux com-
patriotes. Ce petit pays, dont la capitale
n'a pas plus de cinq à six mille habitans, a

résisté à toutes les tyrannies et protesté contre tous les crimes pendant vingt'ans de révolution. En 1793, la population s'y leva en masse contre la Convention nationale ; les députés de cette assemblée y furent saisis comme otages ; et si un homme fort s'était emparé de ces élémens, c'était déjà le Jura qui sauvait la France. Après le 9 thermidor, il devint l'asile des émigrés, et le centre d'une réaction qui n'alla que trop loin ; mais on ne peut pas s'occuper de l'histoire sans trouver un excès à côté d'une vertu. Au mois de brumaire an 8 , époque de l'avénement de Bonaparte, l'administration du Jura, re-présentée par deux de ses membres, et un troisième faisant les fonctions de commis-saire exécutif (c'étaient MM. Gindre, Mar-gueron et Lamare), rendit un arrêté portant licenciement des militaires réquisitionnaires et conscrits, et invitation aux classes, soit momentanément, soit *perpétuellement* pros-crites, de se joindre à elle pour combattre

ce qu'elle appelait les nouveaux tyrans (1).
Jusqu'à 1804, Bonaparte n'a pas réellement
régné sur le Jura ; et c'est en 1804 que s'y
formait la conspiration de *l'Alliance*, qui
faillit le renverser. C'est du Jura que sortit
la première conspiration de Mallet; c'est
dans le Jura que fut préparée la seconde (2).
Le Jura était prêt à se lever en armes, lors
de l'invasion étrangère qui rendit malheureusement ce mouvement inutile. Quinze

---

(1) Les classes *perpétuellement* proscrites étaient
évidemment les déportés et les émigrés ; et long-temps
avant le 18 brumaire, l'administration du Jura avait
déjà mis en liberté tous les prêtres dits réfractaires et
tous les émigrés détenus.

(2) A l'explosion de ce mouvement, ce fut sur le
Jura que la police jeta d'abord les yeux. Le 23 octobre, jour de l'opération de Paris, il y avait à une
lieue de Lons-le-Saulnier, un rassemblement nombreux où fut portée la santé de Louis XVIII, celle
du Gouvernement provisoire et celle de Mallet.

jours avant l'entrée des Autrichiens, M. Buguet proposa de proclamer Louis XVIII à
Lons-le-Saunier ; et si cette idée ne fut
pas accueillie, c'est que d'autres moyens,
plus assurés ou moins dangereux, dispensaient les royalistes de recourir à celui-là.
Dans aucune partie de la France, l'opinion
n'était aussi libre que dans le Jura , parce
qu'elle n'était nulle part aussi forte et aussi
générale. On y connaissait des réunions
considérables en état de conspiration permanente ; et on n'osait ni les signaler ni
les atteindre, parce que leur pensée paraissait liée à un grand système dont on
craignait le développement. Le gouvernement avait senti le danger de hasarder dans
un pareil pays un système de répression
qui aurait pu produire un effet très-opposé
à ses vues. Bonaparte se contentait de n'y
passer que le moins possible, de ne rien
faire pour ses habitans, et d'exercer sur lui
une surveillance sourde, qu'il n'était pas

possible d'ignorer. Tous les chefs d'administration étaient étrangers ; et cependant tous ces chefs d'administration étaient ordinairement d'un bon esprit, parce qu'ils s'étaient fait, de l'habitude de circonspection qui leur était nécessaire, une seconde nature. Le Jura est d'ailleurs tel par sa topographie physique et morale, qu'il y aurait eu une espèce de délire à y employer les moyens de force. Qu'il me suffise de dire, que dans certains villages de ce département, on n'a jamais vu de gendarmes, et qu'une partie de la population s'y est constammeut dérobée à toutes les lois oppressives.

NOTE DOUZIÈME.

« *Le serment qui m'engage envers les*
« Philadelphes *et qui me défend de les*
« *faire connaître par leur nom social dans*
« *un écrit qui n'est pas exclusivement fait*
« *pour eux, m'a interdit le plaisir de nom-*
« *mer ceux qui vivent encore.* » Page 162.

Sauf quelques exceptions qu'on remar-
quera dans ces notes, mais qui ont toujours
été autorisées par les personnes qu'elles con-
cernent. Il en est même dans ce nombre à
qui j'ai eu des obligations particulières pour
la rédaction de cet ouvrage, et qui m'ont
fourni des renseignemens précieux, soit sur
les faits, soit sur les localités. C'est à leur
amitié que je dois par exemple la note qui
précède, et généralement tous les détails
historiques qui ont rapport au Jura; mais
j'ai eu à regretter de ne pouvoir pas solli-

citer de près l'assentiment de certains dont le nom aurait prêté plus d'éclat et plus de vraisemblance à mes récits. Je ne doute pas qu'ils ne me permettent de les signaler dans une édition nouvelle, ou qu'ils ne me confient au moins les noms de ceux qui ne sont plus et qui sont morts pour la cause de l'honneur français. Une vertu modeste peut céler sa propre gloire avec une espèce d'orgueil ; mais plus elle est pure, plus elle jouit de la gloire des autres, et mieux elle aime à la consacrer. Les capitaines les plus illustres de la Grèce se refusèrent à ce qu'on leur érigeât des statues de leur vivant, mais ils présidèrent aux monumens des héros de Marathon et de Platée. Des marbres immortels en conservent le souvenir, et Oudet pouvait demeurer inconnu !

NOTE TREIZIÈME.

« *Je ne me crois pas obligé, en cons-*
« *cience, à refuser, aux noms (des roya-*
« *listes zélés, des patriotes purs, des*
« *gens de bien de toutes les classes), une*
« *publicité que leur modestie désavoue*
« *peut-être, mais que l'histoire réclame*
« *pour eux.* » Pag. 163.

Il est tout simple que j'en laisse échapper
beaucoup, puisque je ne dois les renseignemens dont je me sers, qu'à des communications imparfaites et prises fort loin des
lieux ; mais je rappelle aux personnes qui
pourraient s'en plaindre, que ce livre est
consacré à une Société dont je ne nomme
point les membres, et que je n'y parle que
fort accessoirement des hommes très-recom-
mandables d'ailleurs, qui n'ont eu de rap-

port avec cette Société que par une action politique qu'elle déterminait, ou qu'elle était toujours prête à saisir. J'avoue, de plus, que cette espèce d'illustration, attachée aux services rendus, a été tellement prodiguée par les gazettes, par les brochures, et même par des livres importans dans le sujet ou dans la forme, que je ne pense pas qu'elle soit désormais fort à cœur aux vertus généreuses, parce que je n'en conçois pas sans désintéressement. Il y a eu dans la révolution une foule d'actions faites à toutes fins, et dont il est très-possible de tirer parti dans un état de choses arrêté, puisqu'on leur a ménagé autant d'explications diverses, que le gouvernement à venir pouvait prendre d'aspects divers. La science des compensations, si perfectionnée par les philosophes, a été portée à son apogée par les politiques de profession. Il y a des fidélités prononcées, qui sont dignes d'occuper

la mémoire des rois ; il y a des vertus su-
blimes qui honorent les nations, et dont
elles doivent garder le souvenir ; mais il est
peut-être bon de prémunir les rois et les
nations contre ces spéculateurs en héroïsme,
qui, depuis vingt-cinq ans au moins, se
sont trouvé des vertus de réserve pour tout
le monde.

NOTE QUATORZIÈME.

« *Par une rencontre singulière, et qui*
« *tenait du miracle, quelques Philadel-*
« *phes, que les circonstances de la guerre*
« *ou des commissions spéciales de leur*
« *chef avaient conduits en Allemagne ou*
« *en Italie, se trouvèrent initiés par le*
« *brave et habile du Châteler à un plan*
« *d'insurrection du Tyrol.* » p. 164.

L'histoire entière des Sociétés du Tyrol
et de celles d'Italie, qui ne sont pas tout-à-
fait les mêmes, a été publiée, il y a quelques mois, à Vienne, en langue allemande,
et en langue italienne, à Milan, avec une
foule de détails très-curieux, qui en font un
monument précieux pour l'histoire générale
de l'Europe au dix-neuvième siècle. Ces
Sociétés n'ont pas cru devoir cacher les
mystères mêmes de leurs initiations, les

plus extraordinaires et les plus adroitement
combinés qui aient jamais été employés dans
une institution de ce genre. J'en puis donner pour exemple ce qui est arrivé à un
ancien officier supérieur de mes amis, dont
je tiens ces renseignemens. Devenu suspect
à Bonaparte, après avoir occupé dans sa
confiance une place dont il n'avait jamais
abusé, il fut obligé de se réfugier dans la
partie la plus alpestre des provinces autri-
chiennes, et il y vécut dans une retraite
absolue, presque sans communication avec
le reste des hommes. Quelques rapports que
le hasard et la nécessité lui avaient fait établir cependant avec certains habitans, et
qu'une sympathie invincible avait fortifiés,
ayant donné lieu à ceux-ci de s'assurer qu'il
nourrissait une haine profonde contre le
tyran de l'Europe, on lui apprit qu'il existait une corporation immense et dévouée
qui avait pour seul objet la destruction de
son gouvernement, et on lui offrit d'en faire

partie. Déjà lié depuis long-temps à des associations formées dans le même dessein, et que je n'ai plus besoin de nommer, il n'hésita pas à entrer dans celle-ci avec l'intention secrète de la rattacher de quelque manière à celles qui lui étaient connues. A peine eut-il énoncé son consentement, qu'on lui fit subir une initiation extrêmement simple, qui ne pouvait étonner son imagination que par la simplicité des moyens. C'était celle du grade commun, qui a été souvent accordée à des villages entiers, et qui était proportionnée aux forces les plus ordinaires. Deux mois s'écoulèrent depuis, sans qu'il entendît parler ni de la Société ni de ses projets, et sans qu'il présumât qu'elle pût être autre chose que ce qu'il avait vu en elle, c'est-à-dire, qu'une espèce d'insurrection cachée qui avait des signes de reconnaissance et un mot d'ordre. Il commençait à la regarder comme un pur jeu d'imagination, quand une lettre conçue

dans des termes qui lui rappelaient distinctement ses formules, le convoqua dans un
endroit écarté, où il devait se trouver réuni
à un grand nombre de frères. Il s'y rendit
sans précaution, parce que les formes de
son initiation première, et le caractère des
personnes qui l'avaient introduit dans l'ordre, semblaient lui offrir une garantie très-
suffisante contre toute espèce d'embûches.
Il reconnut aux indices les plus manifestes
l'endroit qui lui était désigné, le parcourut
sur tous ses points avant et après l'heure de
la convocation, attendit encore, et ne vit
personne. Peu de jours après, l'avis se réi-
téra dans les mêmes termes, et l'appela aux
mêmes lieux. Il y obéit avec la même exactitude, et ne fut pas plus heureux dans ses
recherches. Cette épreuve particulière exercée sur sa patience, ou dans laquelle il
croyait reconnaître ce motif, se renouvela
quatre fois sans succès dans l'espace de trois
semaines ; à la cinquième enfin, à laquelle

il s'était soumis avec un certain dépit, il se retirait un peu fatigué de cette déception trop répétée, quand des cris affreux, qui se firent entendre à cent pas de lui, et qui paraissaient partir d'une personne qu'on assassinait, le retinrent dans le bois, où il s'était déjà engagé plus avant qu'à l'ordinaire. Le jour était à sa fin, la saison très-mauvaise (c'était vers la fin de novembre, dans un climat rigoureux), et les chemins difficiles, surtout pour un étranger. Mais aucune considération ne pouvait arrêter son courage dans une occasion où l'humanité en réclamait si impérieusement le secours. Armé de sa seule épée, il se précipita dans le fourré, en taillant devant lui les ronces qui s'opposaient à son passage, et toujours dirigé par les cris toujours plus rapprochés, qui imploraient au hasard l'assistance du voyageur ; il arriva enfin dans un endroit plus découvert, d'où trois cavaliers de mauvaise mine s'échappèrent à grande course,

en faisant sur lui le triple feu de leurs mous-
quetons. A ses pieds gisait un corps san-
glant, que le crépuscule éclairait de sa dernière lumière, mais que l'on discernait encore assez pour reconnaître les lambeaux
déchirés qui l'enveloppaient, les fortes cor-
des qui attachaient ses membres, et jusques
aux coups dont il avait été frappé. Il avait
à peine eu le temps de jeter un regard sur
ce triste spectacle, de sonder la profondeur
de ce bois, où la mort l'attendait de toutes
parts, et d'épier quelques signes de vie,
prêts à s'éteindre, dans l'infortuné dont il
contemplait l'agonie, quand un détachement de force armée, attiré par les mêmes
plaintes, déboucha de la forêt par le point
opposé à celui de la retraite des brigands,
et cerna rapidement la place où la victime
était couchée. Elle expirait, et ses dernières
paroles furent cependant articulées assez
distinctement, pour qu'il ne fût pas possible de douter qu'elle avait voulu désigner

l'étranger comme un de ses assassins. Tout l'accusait d'ailleurs ; l'heure, le lieu, l'épée nue, dont sa main était armée, l'embarras de son maintien, le trouble de ses paroles. Je n'ai pas besoin de dire qu'il est arrêté, chargé de fers, jeté ignominieusement sur une charrette empruntée à la première métairie, et conduit dans une maison d'un aspect sinistre, qui tenait lieu de prison au village voisin. La nuit s'achève ; deux, trois jours se succèdent dans cet état, à la diète la plus sévère, au secret le plus absolu, au milieu des alarmes inexprimables d'un innocent accusé d'un grand crime, et privé, par la Providence elle-même, de tout moyen de s'en défendre ; enfin, il est traduit devant des magistrats, il subit un interrogatoire, des témoins sont entendus, des hommes accusés de complicité sont interrogés ; l'information se commence, se poursuit, se développe devant lui ; l'officier public porte des conclusions, l'accusé est écouté, le tribunal s'assemble et juge. L'innocent, accablé par des présomptions dont il n'a pas pu détruire, dont il n'a pas même pu contester la vraisemblance, est condamné sans appel, suivant la forme de ces petites juridictions, à la peine capitale, à la peine la plus cruelle, la plus honteuse surtout, et il n'a le droit de se plaindre qu'au ciel d'un jugement appuyé sur des faits qui ont tout le caractère de l'évidence. Abattu par la fatigue, par le jeûne, par la captivité, par le désespoir, il apprend, avec une espèce de joie, que le terme de son supplice est hâté par une circonstance particulière. Le lendemain est consacré à la célébration d'une des fêtes les plus solennelles de l'Eglise, et ne doit pas être souillé par le sang d'un assassin. Son exécution aura lieu aux flambeaux, à l'heure la plus silencieuse, la plus sinistre de la nuit. Garrotté par des bourreaux hideux, précédé de torches lugubres, accompagné de soldats muets qui marchent autour de lui la tête baissée, il s'avance au bruit de la cloche mortuaire qui le recommande aux prières des fidèles, et parvient, de détours en détours, à une cour immense, entourée de bâtimens ruinés, et qui offre l'aspect d'une place publique. Un cercle de cavaliers en uniforme entoure l'échafaud ; des hommes, des femmes, sont groupés dans le lointain ; quelques-uns sont assis sur les murailles ; on entend, de côté et d'autre, une rumeur sourde d'impatience ou d'horreur, et deux ou trois lumières éparses éclairent faiblement des fenêtres éloignées. Il monte à l'échafaud, écoute la lecture de sa sentence, et va se livrer aux exécuteurs, quand un officier civil à cheval, et décoré des signes de la magistrature, fait retentir à ses oreilles je ne sais quel bruit d'espérance qui le ranime un instant. Un édit qui vient d'émaner du gouvernement accorde la grâce à tout homme condamné, pour un délit de quelque espèce qu'il soit, qui pourra donner à la justice les mots d'initiation et de reconnaissance d'une Société secrète qu'on lui désigne par son nom; c'est celle dans laquelle il a été nouvellement reçu, et dont il accomplissait l'ordre secret au moment de l'étrange catastrophe qui a fait peser sur lui le soupçon le plus injuste. On l'interroge, il répond négativement; on insiste, il s'irrite, et demande la mort. Son initiation est achevée; elle se termine par un baiser, et se passe d'un serment. Il n'y avait personne autour de lui qui ne fût membre de l'institution, et qui n'eût sciemment coopéré à l'épreuve.

Quelques historiographes des Sociétés secrètes ont mal à propos confondu celle-ci avec celle des *Eveillés* d'Allemagne, qui s'en rapproche jusqu'à un certain point par la forme des initiations, mais qui est une association purement mystique.

NOTE QUINZIÈME.

« *Il n'y a peut-être pas une Société se-*
« *crète qui n'ait eu une conspiration pour*
« *principe.* »   Pag. 224.

Elles en ont changé toutes après le succès, ou après y avoir renoncé; mais il est
certain du moins, qu'il n'y a pas une société secrète qui ne rapporte son origine à
quelque superstition qui est la figure plus
ou moins altérée d'une conspiration ancienne. La Société des *Philadelphes* avait si
bien senti cet inconvénient, et elle s'était
constituée sur des principes si purs, qu'il
fut reçu dans son institution, quand elle
passa sous le régime d'Oudet, que son existence politique ne se perpétuerait pas au-
delà du gouvernement de Bonaparte. Dans
toutes ces associations fondées sur l'amitié,
à part celle dont je parle, le premier mot
qu'on fait retentir aux oreilles d'un adepte

est celui de *vengeance*, peut-être parce que les souvenirs de l'amitié offensée dans ses affections, sont les plus durables de tous, et il n'y a rien de plus commun dans les rits maçonniques. On croirait que les hommes ne se sont assemblés que pour s'affliger sur des tombeaux, pour déplorer le malheur d'un maître égorgé par ses serviteurs, fouiller des sépulcres, déterrer des os déjà dépouillés de leurs chairs, et disputer des cadavres fumans aux flammes des bûchers. Je suis très-persuadé que les adeptes raisonnables des Sociétés que je désigne généralement, et qui n'ont aucun rapport avec la Société dont j'écris l'histoire, ne font pas remonter leur origine au temple de Salomon, et que les maçons éclairés ne croient pas descendre des *Templiers*, quoique le nom de leur association ressemble à une parodie de cet ordre chevaleresque, comme certaines de leurs cérémonies à une allégorie de ses malheurs.

Quant à l'ordre des *Templiers* d'institution nouvelle, j'en connais au moins trois
différens en Europe, qui sont même dis-
tincts, jusqu'au point d'offrir une opposition assez remarquable. L'une de ces associations est fondée sur la Société des *Philadelphes*, dont elle reconnaît les signes et
les formules; une autre sur la maçonnerie,
dont elle a pris l'attache, et qui en perçoit
les tributs. Cette institution, dont on connaît
très-bien les élémens et le mobile, a été
servie par des talens très-élevés, dont l'influence n'a cependant pas tourné à l'avantage de ses progrès. La troisième est une
mystification qui s'appuie sur la charte de
Larminius, ou sur le billet de la Châtre.
Laissons à l'esprit humain les folies qui
amusent sans nuire : ce sont les bonnes.

L'idée dont je suis parti, à la tête de cette
note, me paraît incontestable, et peut servir à la classification morale des Sociétés
secrètes. Chez les peuples heureux par la

longue influence des institutions, ou bien
par la disposition naturelle du caractère na-
tional, tant qu'elle n'est pas réprimée par
des institutions contraires, il y a ce que l'on
appelle des *clubs*, des cercles, des coteries,
des réunions quotidiennes ou hebdomadai-
res, entre des hommes qui se choisissent
et qui ont besoin de se voir plus spéciale-
ment, sans exclusion formelle des autres.
Chez les peuples malades, chez les peuples
en révolution, qui éprouvent des malheurs précaires, il y a des conspirations,
c'est-à-dire, des rassemblemens précaires
comme les événemens, que les événemens
déterminent, et qui doivent finir avec eux.
Chez les peuples usés sous leurs institutions,
et dont les institutions n'ont pas suivi le
mouvement progressif, il n'y a ni coteries
ni conspirations. Le corps politique tombe
de vieillesse, parce que tous ses appuis s'é-
croulent ; et la société meurt *de mort*,
comme Adam, qui en est le principe et

l'image. L'art de régner sur une nation âgée, consiste donc à se mettre au niveau de sa civilisation, en évitant les excès en plus et en moins au milieu desquels cette société est placée ; et sous un Roi qui a si admirablement saisi ce milieu difficile, toutes les sociétés politiques perdraient leur but.

Au reste, je dois exprimer ici ma pensée tout entière ; et je m'y crois d'autant plus obligé, que le seul nom d'une Société secrète peut servir de prétexte à des persécutions absurdes, dans des pays civilisés, dans des royaumes d'Europe, dans des capitales illustres, au dix-neuvième siècle, et après une révolution qui était propre à la France, mais qui a tourmenté le monde, et qui devait l'éclairer. Il ne faut jamais chercher de conspirations dans les sociétés très-répandues, parce qu'en général, il n'y a que d'honnêtes gens qui s'honorent assez pour se réunir souvent et en grand nombre dans le mystère; parce que l'instinct des Sociétés particulières doit tendre à la conservation des grandes; parce que la réunion de quelques citoyens heureux ne peut jamais être dangereuse pour le Roi qui assure leur indépendance et leur tranquillité. On a des preuves terribles que deux hommes, trois hommes, et quelquefois davantage, peuvent s'entendre, se concerter pendant quelques heures, quelques jours, quelques mois, peut-être, pour une action indigne, pour un crime épouvantable! Mais cette conspiration anti-sociale n'est pas susceptible, ni de s'étendre dans le nombre, ni de se prolonger dans le temps. Toutes les grandes assemblées d'hommes, et celles même qui se sont le plus égarées (je n'en n'en excepte pas une!), ont fini par revenir à la morale. Je crois beaucoup moins à la société de voleurs et d'assassins de Pascal, qu'à la république d'athées de Bayle.

NOTE SEIZIÈME.

« *La conspiration européenne, qui re-*
« *posait sur l'alliance merveilleuse de*
« *deux généraux républicains..., est le*
« *fait le plus étonnant de l'histoire ; mais*
« *c'est le plus incontestable.* » Pag. 231.

IL a été saisi d'une manière bien remarquable dans un article de journal où l'on
n'irait pas en chercher l'explication. C'est
dans le passage, aussi bien écrit que bien
pensé, qui termine un feuilleton sur le
salon de peinture, signé de M. Boutard,
et inséré au *Journal des Débats*, du 25 dé-
cembre 1814. M. Boutard n'a certainement
été dirigé dans cette conjecture si honorable
pour Moreau, pour la France, pour l'Europe, que par un sens excessivement droit,
qu'il faut souhaiter aux historiographes de
profession. On ne peut pas se dissimuler que

l'opinion publique a accusé Moreau, et que ses apologistes même n'avaient pas trouvé moyen de le justifier, quand il est vrai cependant que sa dernière tentative est peut-être l'acte le plus noble et le plus irréprochable de ce grand homme, auquel j'aime à croire que la postérité ne reprochera rien. *L'armée française sait* que la charge de quarante mille hommes de cavalerie qui a précédé de quelques heures la catastrophe par laquelle Moreau nous a été enlevé, n'avait d'autre but que de saisir Bonaparte et de lui substituer Moreau. L'armée française a su clairement depuis, que la paix était signée d'avance entre les alliés et la France, représentée par Moreau. Il n'y a personne qui ne soit convaincu que la marche de l'armée française cessait dès lors d'être une retraite : c'était un voyage amical au milieu des nations, sous la conduite d'un héros ami des hommes, et qui déterminait, comme de lui-même, les limites respectives de

chaque Etat. Cette grande pensée a survécu
à Moreau dans l'âme héroïque d'Alexandre ;
mais Alexandre n'était pas Français, ne gui-
dait pas des armées françaises, et ne devait
être connu des Français qu'après les avoir
conquis. Je crois pouvoir répéter, que s'il
y a un fait incontestable dans l'histoire,
c'est celui-là : j'en appelle à la conscience
de ceux qui le connaissent, et à la raison de
ceux qui l'ignoraient.

NOTE DIX-SEPTIEME.

« *On leur fit espérer l'avancement, la*
« *fortune, le bonheur. Ils allèrent mou-*
« *rir à la plaine de Grenelle, et com-*
« *mandèrent l'exécution.* » Pag. 236.

La postérité pourra désirer le nom de
ces braves. C'étaient Antoine Piquerel, ad-
judant-major de la dixième Cohorte, membre de la Légion - d'Honneur ; et Louis-
Joseph Lefèvre, lieutenant dans la même
Cohorte, membre de la Légion-d'Honneur.

FIN.

DE L'IMPRIMERIE D'ADRIEN ÉGRON.